Assédio Moral no Trabalho

Dados Internacionais de Catalogação na Publicação (CIP)
(Câmara Brasileira do Livro, SP, Brasil)

Freitas, Maria Ester de
Assédio moral no trabalho / Maria Ester de Freitas, José Roberto Heloani, Margarida Barreto. -- São Paulo : Cengage Learning, 2013. (Coleção debates em administração / coordenadores Isabella F. Gouveia de Vasconcelos, Flávio Carvalho de Vasconcelos, André Ofenhejm Mascarenhas)

4. reimpr. da 1. ed. de 2008.
Bibliografia.
ISBN 978-85-221-0628-8

1. Ambiente de trabalho 2. Assédio moral 3. Dano moral 4. Medicina do trabalho 5. Direito do trabalho I. Heloani, Roberto. II. Barreto, Margarida. III. Vasconcelos, Isabella F. Gouveia de. IV. Vasconcelos, Flávio Carvalho de. V. Mascarenhas, André Ofenhejm. VII. Série.

08-00018 CDU-34: 331.101.37

Índices para catálogo sistemático:

1. Ambiente de trabalho : Assédio moral : Direito do trabalho 34:331.101.37
2. Assédio moral : Ambiente do trabalho : Direito do trabalho 34.331.101.37

COLEÇÃO DEBATES EM ADMINISTRAÇÃO

Assédio Moral no Trabalho

Maria Ester de Freitas
Roberto Heloani
Margarida Barreto

Coordenadores da coleção
Isabella F. Gouveia de Vasconcelos
Flávio Carvalho de Vasconcelos
André Ofenhejm Mascarenhas

Austrália • Brasil • Japão • Coréia • México • Cingapura • Espanha • Reino Unido • Estados Unidos

Assédio Moral no Trabalho

Maria Ester de Freitas
Roberto Heloani
Margarida Barreto

Gerente Editorial: Patricia La Rosa

Editora de Desenvolvimento: Ligia Cosmo Cantarelli

Supervisor de Produção Editorial: Fábio Gonçalves

Supervisora de Produção Gráfica: Fabiana Alencar Albuquerque

Copidesque: Sandra Maria Ferraz Brazil

Revisão: Ana Paula Ribeiro e Isabella Gallardo

Diagramação: ERJ – Composição Editorial e Artes Gráficas Ltda.

Capa: Eliana Del Bianco Alves

ISBN 13: 978- 85-221-0628-2
ISBN 10: 85-221-0628-8

Cengage Learning
Condomínio E-Business Park
Rua Werner Siemens, 111 – Prédio 20 – Espaço 04
Lapa de Baixo – CEP 05069-900 – São Paulo – SP
Tel.: (11) 3665-9900 – Fax: (11) 3665-9901
SAC: 0800 11 19 39

Para suas soluções de curso e aprendizado, visite **www.cengage.com.br**

Impresso no Brasil.
Printed in Brazil.
1 2 3 4 5 6 7 11 10 09 08

dedicatória

Aos meus amados amigos, com e sem emprego.
Maria Ester

À minha família e aos verdadeiros amigos;
são muitos e eles sabem quem são...
Heloani

Aos trabalhadores, sempre.
Margarida

apresentação

Debates em Administração

E o fim de nosso caminho será voltarmos
ao ponto de partida e percebermos o mundo
à nossa volta como se fosse a primeira vez
que o observássemos.

T. S. Elliot (adaptação)

O conhecimento transforma. A partir da leitura, vamos em certa direção com curiosidade intelectual, buscando descobrir mais sobre dado assunto. Quando terminamos o nosso percurso, estamos diferentes. Pois, o que descobrimos em nosso caminho freqüentemente abre horizontes, destrói preconceitos, cria alternativas que antes não vislumbrávamos. As pessoas à nossa volta permanecem as mesmas, mas a nossa percepção pode se modificar a partir da descoberta de novas perspectivas.

O objetivo desta coleção de caráter acadêmico é introduzir o leitor a um tema específico da área de administração, fornecendo desde as primeiras indicações para a compreensão do assunto até as fontes de pesquisa para aprofundamento.

Assim, à medida que for lendo, o leitor entrará em contato com os primeiros conceitos sobre dado tema, tendo em vista diferentes abordagens teóricas, e, nos capítulos posteriores, brevemente, serão apresentadas as principais correntes sobre o tema – as mais importantes –, e o leitor terá, no final de cada exemplar, acesso aos principais artigos sobre o assunto, com um breve comentário, e indicações bibliográficas para pesquisa, a fim de que possa continuar a sua descoberta intelectual.

Esta coleção denomina-se **Debates em Administração**, pois serão apresentadas sucintamente as principais abordagens referentes a cada tema, permitindo ao leitor escolher em qual se aprofundar. Ou seja, o leitor descobrirá quais são as direções de pesquisa mais importantes sobre determinado assunto, em que aspectos estas se diferenciam em suas proposições e logo qual caminho percorrer, dadas suas expectativas e interesses.

Debates em Administração deve-se ao fato de que os organizadores acreditam que do contraditório e do conhecimento de diferentes perspectivas nasce a possibilidade de escolha e o prazer da descoberta intelectual. A inovação em determinado assunto vem do fato de se ter acesso a perspectivas diversas. Portanto, a coleção visa suprir um espaço no mercado editorial relativo à pesquisa e à iniciação à pesquisa.

Observou-se que os alunos de graduação, na realização de seus projetos de fim de curso, sentem necessidade de bibliografia específica por tema de trabalho para adquirir uma primeira referência do assunto a ser pesquisado e indicações para aprofundamento. Alunos de iniciação científica, bem como executivos que voltam a estudar em cursos *lato sensu* – especialização – e que devem ao fim do curso entregar um trabalho, sentem a mesma dificuldade em mapear as principais correntes que tratam de um tema importante na área de administração e encontrar indicações de livros, artigos e trabalhos relevantes na área que possam servir de base para seu trabalho e aprofundamento de idéias. Essas mesmas razões são válidas para alunos de mestrado *stricto sensu*, seja acadêmico ou profissional.

A fim de atender a esse público diverso, mas com uma necessidade comum – acesso a fontes de pesquisa confiáveis, por tema de pesquisa –, surgiu a idéia desta coleção.

A idéia que embasa **Debates em Administração** é a de que não existe dicotomia teoria-prática em uma boa pesquisa. As teorias, em administração, são construídas a partir de estudos qualitativos, quantitativos e mistos que analisam e observam a prática de gestão nas organizações. As práticas de gestão, seja nos estudos estatísticos ou nos estudos qualitativos ou mistos, têm como base as teorias, que buscam compreender e explicar essas práticas. Por sua vez, a compreensão das teorias permite esclarecer a prática. A pesquisa também busca destruir preconceitos e "achismos".

Muitas vezes, as pesquisas mostram que nossas opiniões preliminares ou "achismos" baseados em experiência individual estavam errados. Assim, pesquisas consistentes, fundamentadas em sólida metodologia, possibilitam uma prática mais consciente, com base em informações relevantes.

Em pesquisa, outro fenômeno ocorre: a abertura de uma porta nos faz abrir outras portas, ou seja, a descoberta de um tema, com a riqueza que este revela, leva o pesquisador a desejar se aprofundar cada vez mais nos assuntos de seu interesse, em um aprofundamento contínuo e na consciência de que aprender é um processo, uma jornada, sem destino final.

Pragmaticamente, no entanto, o pesquisador, por mais que deseje aprofundamento no seu tema, deve saber em que momento parar e finalizar um trabalho ou um projeto, que constituem uma etapa de seu caminho de descobertas.

A coleção **Debates em Administração**, ao oferecer o "mapa da mina" em pesquisa sobre determinado assunto, direciona esforços e iniciativa e evita que o pesquisador iniciante perca tempo, pois, em cada livro, serão oferecidas e comentadas as principais fontes que permitirão aos pesquisadores, alunos de graduação, especialização, mestrado profissional ou acadêmico produzirem um conhecimento consistente no seu âmbito de interesse.

Os temas serão selecionados entre os mais relevantes da área de administração.

Finalmente, gostaríamos de ressaltar o ideal que inspira esta coleção: a difusão social do conhecimento acadêmico. Para tanto, acadêmicos reconhecidos em nosso meio e que mostraram excelência em certo campo do conhecimento serão convidados a difundir esse conhecimento para o grande público. Por isso, gostaríamos de ressaltar o preço acessível de cada livro, coerente com o nosso objetivo.

Desejamos ao leitor uma agradável leitura e que muitas descobertas frutíferas se realizem em seu percurso intelectual.

Isabella F. Gouveia de Vasconcelos
Flávio Carvalho de Vasconcelos
André Ofenhejm Mascarenhas

SUMÁRIO

introdução

Três livros. Três grandes sucessos mundiais.

Em 1988, o norte-americano Scott Adams criou o personagem Dilbert, baseado na sua própria experiência de trabalho, destinando-o à publicação em tirinhas de jornal. Mas ele não foi aceito pelos veículos procurados na época. O autor era economista na Pacific Bell, empresa que o demitira após um processo de reengenharia, prática organizacional muito em voga naqueles dias e que ainda faz muito sucesso atualmente. Adams, desiludido com o ambiente de trabalho corporativo e magoado com a maneira como fora friamente descartado, investiu no personagem e lançou o livro *O princípio Dilbert*, no qual faz uma crítica ferrenha à vilania, à imbecilidade, à incompetência, à insensibilidade e aos modismos organizacionais. O livro obteve um imenso sucesso, e foi traduzido para vários idiomas. Nele, o anti-herói é o modelo de identificação para muitos funcionários demitidos ao redor do mundo. Esses leitores trocam com Adams uma vasta e inspiradora correspondência, que tem efeito de catarse e cumplicidade entre todos os ejetados pelo mundo do trabalho, o que alimentaria novas histórias.

Presente hoje em quadrinhos de mais de 1.500 jornais e revistas em todo o mundo, Dilbert é a vingança de um homem que ficou rico ao ser "reengenheirado", que soube dar voz aos oprimidos pelo mundo corporativo e que expôs com maestria os novos princípios da escola do absurdo da administração, que tinha na Lei de Parkinson, escrita em 1957 pelo professor C. Northcote Parkinson, o seu maior clássico.

Segundo Parkinson, os livros de administração devem ser lidos como ficção, pois qualquer pessoa que tenha o mínimo de intimidade com o universo organizacional conhece algumas verdades axiomáticas jamais tratadas nos graves compêndios da área. Entre esses axiomas, podemos encontrar: a) o trabalho aumenta a fim de preencher o tempo disponível para a sua conclusão; b) há pequena ou nenhuma relação entre o trabalho a ser feito e a quantidade de pessoas a executá-lo; c) um chefe estará sempre disposto a aumentar o número de seus subordinados, desde que não sejam seus rivais; d) o tempo gasto nas reuniões é inversamente proporcional à importância dos assuntos que são nelas discutidos; e) quando um chefe é incompetente, ele se cercará sempre de pessoas piores do que ele. É fácil entender a semelhança entre esses dois autores ainda que eles estejam se referindo a momentos opostos na história das organizações; enquanto Parkinson descreve os absurdos administrativos no momento do gigantismo e inchaço organizacional em uma época de grande crescimento econômico, Adams trata dos absurdos administrativos no momento em que as organizações precisam encolher, enxugar estruturas, terceirizar atividades e reduzir maciçamente a folha de pagamentos.

O terceiro livro é mais recente e foi escrito por Laura Weisenberg, uma jovem recém-formada em jornalismo. Ela mudou-se para Nova York e fazia uma coisa e outra enquanto sonhava trabalhar para um grande jornal. Até que foi admitida como assistente de diretoria na revista *Vogue* norte-americana. Essa história vira ficção em *O diabo veste Prada*, que desnuda os bastidores da moda, os caprichos das celebridades, a não-vida dos que lidam diariamente com o *glamour* e a tirania no ambiente de trabalho da revista *Runaway*, cuja administração por estresse é exercida de maneira exemplar pela onipotente e também onipresente Miranda

Priestly. O livro fez sucesso imediato, não só por divulgar um segredo de Polichinelo, escancarando detalhes relativamente conhecidos entre os habitantes de um mundo não acessível aos mortais, mas, principalmente, por escancarar o modo de pensar e agir de uma executiva, que, reconhecida no meio como brilhante, não o é menos como uma pessoa intragável que sabe bem fazer inimigos e admiradores por onde passa. Laura já estava se dando por feliz e vingada em ser uma escritora bem-sucedida na sua estréia, mas o seu mundo ficou ainda melhor quando o livro se transformou no filme de mesmo título, tendo Meryl Streep como a estrela principal. Foi um sucesso mundial, recebeu aplausos em Cannes e indicações ao Oscar de 2007.

Os livros de Adams e de Weisenberg tocam em questões que estão na ordem do dia no universo organizacional, há mais de duas décadas, deixando para trás o cenário de grandiosidade das organizações públicas e privadas descrito por Parkinson. Nos anos 1980, tiveram lugar os primeiros processos de reengenharia que atingiram todos os setores da economia e todos os tipos organizacionais no mundo ocidental. A preocupação com realinhamento estratégico, planilha de custos, modernização de processos produtivos, financeiros e administrativos nunca mais saiu da pauta e já é assumida como orientação permanente. As dores e as cicatrizes originadas nesses processos, aliadas ao incentivo às batalhas práticas por produtividade cada vez mais crescente, também continuam abertas e têm despertado o interesse cada vez maior de analistas organizacionais. O ambiente de trabalho tem se transformado em arena insalubre e perigosa, o que a torna digna de receber da Organização Mundial do Trabalho atenção especial e ser classificada como crescentemente violenta.

O tema central deste livro – o assédio moral – é uma das facetas desta violência denunciada no mundo do trabalho e será desenvolvido aqui a partir de uma perspectiva interdisciplinar, que busca analisar esse fenômeno nas suas diversas implicações para indivíduos, organizações e sociedades. Optamos por um tratamento multidisciplinar, considerando as influências e os impactos que a prática do assédio suscita na vida pessoal, familiar, organizacional e social dos envolvidos. Entendemos que é preciso buscar no contexto social e organizacional mais amplo as raízes de um fenômeno que se expressa na interação de pessoas no cotidiano do trabalho, mas que não se confunde com uma prática resultante meramente de conflitos pessoais ou antipatias aleatórias. A violência expressa no ambiente de trabalho contemporâneo pode ser uma manifestação segmentada de uma violência maior que encontra os seus fundamentos numa sociedade que vê na economia a resposta a todos os seus problemas e em uma organização do trabalho cada vez mais sem compromissos com o ser humano, pois a sua fórmula mágica é enfocada na garantia de ganhos de produtividade crescentes no curto prazo. Trata-se, portanto, de uma violência assumida como um efeito colateral simplesmente, ou seja, uma violência que se quer naturalizada. Assim, é importante alertar sobre a banalização dessas ocorrências, sobre as simplificações organizacionais ou jurídicas em lidar com o fenômeno, bem como sobre as veias oportunistas que se abrem sempre que um tema possa ter grande apelo social.

Somos uma equipe multidisciplinar, com formação acadêmica e experiência profissional nas áreas de administração de empresas, psicologia, direito e medicina do trabalho. Por essa razão, definimos a estrutura deste livro em tópicos que contemplam tanto as questões históricas recentes da mudança na organização de trabalho, o surgimento dos estudos sobre assédio moral e a sua análise quanto um problema organizacional, bem como os impactos que ele pode provocar na vida pessoal, familiar e na saúde do profissional, os aspectos legais e jurídicos envolvidos nesse fenômeno e o que diz a legislação brasileira e, por fim, como prevenir e combater essa prática venenosa nas organizações brasileiras.

Nosso objetivo maior é dotar o leitor de um conhecimento prático que lhe permita identificar, reagir, prevenir e combater esse tipo de violência. Tentamos usar uma linguagem acessível e dar exemplos de situações que ilustram formas de manifestação do assédio, bem como fornecemos uma ampla bibliografia, que pode subsidiar os estudos daqueles que têm maiores interesses em aprofundar o seu conhecimento sobre o assunto. Esperamos, sinceramente, que este livro contribua para tornar o lugar de trabalho de todos nós e as relações que ali desenvolvemos em algo que mereça ser vivido de forma digna. Boa leitura.

São Paulo, novembro de 2007
Ester, Heloani e *Margarida*

capítulo 1

Uma nova organização do trabalho

O século XX foi palco de avanços extraordinários em todos os campos do conhecimento humano; foi também o cenário das maiores guerras produzidas pela humanidade, tanto em relação ao número de países envolvidos quanto na extensão dos prejuízos delas decorrentes. Nenhuma guerra é inocente, sabe-se.

Sabe-se também que é abissal a diferença entre uma conta de somar e uma equação exponencial, e essa diferença se evidencia numa comparação entre a Primeira e a Segunda Guerras Mundiais, seja pelo desenvolvimento e pela precisão dos sistemas de inteligência e pelo poderio das armas, seja pela capacidade de triunfo da ciência e pela reescrita da geopolítica mundial. Conheceu novas formas de violência, quentes e frias, mais sofisticadas e mais cruéis, que ultrapassaram a fronteira do que a humanidade considerara como "aceitável" numa guerra até então. O historiador Eric Hobsbawn qualifica esse período de "breve século" e o mais assassino na história humana.

Também no correr da maior parte do século XX, desenvolveu-se uma disputa internacional entre dois sistemas de produção, que concorriam ao título de melhor modelo econômico para a sociedade moderna, patrocinados pelos Estados Unidos e pela ex-União Soviética. Toda sociedade deve ser capaz de gerar e gerir os meios de produção de sua existência e de sua reprodução material, portanto, o modo de produção vigente alicerça várias outras relações e define, com o sistema político e cultural, as bases para o funcionamento de todas as demais instituições sociais. Capitalismo e socialismo alternaram conquistas e derrotas em diferentes esferas da vida social, assinaram progressos científicos grandiosos como a conquista do espaço e a descoberta da cura de diversas doenças, bem como aumentaram as possibilidades de acesso à educação nas sociedades em que vigiam.

O mundo capitalista deu mostras de maior capacidade de elevação do nível de conforto material, estimulando consumo cada vez maior de produtos cada vez mais rapidamente obsoletos enquanto o mundo socialista ateve-se numa indústria bélica de ponta e na confiança na ideologia de um futuro igualitário para justificar a presença do canhão e a ausência de manteiga. A guerra fria chegou a temperaturas elevadas em vários momentos, e os Estados Unidos e a ex-União Soviética protagonizaram alternadamente os papéis principais de acelerador e freio do desenvolvimento científico e político do planeta. O pós-Segunda Guerra Mundial significou um período de crescimento econômico sem precedentes para as sociedades capitalistas. A recuperação das economias destruídas durante o conflito elevou os padrões de produção e de consumo dessas populações, em virtude do grande aporte de capitais efetivado, do gigantismo das empresas que cresciam mediante estratégias de integração e diversificação de investimentos, da oferta barata de fontes de financiamentos internacionais, da modernização tecnológica e das novas estruturas organizacionais, dadas pelo modelo *holding*, que não mais se limitavam pela propriedade do capital. Tudo corria às mil maravilhas no universo de possibilidades aparentemente infinitas da produção e do consumo em massa, até que a crise do petróleo dos anos 1970 forçou a busca por matérias-primas e mão-de-obra mais baratas, o desenvolvimento de novos métodos de gestão, novos processos produtivos e financeiros. No mundo socialista, a crise do petróleo se fez sentir sobretudo na elevação de sua dívida externa, que teve que acomodar as importações necessárias ao consumo de energia industrial e residencial. As multinacionais capitalistas aproveitaram as restrições impostas por essa crise e o excesso de petrodólares no mercado para elevar o ritmo de sua circulação planetária, mudando a face da concorrência, das relações de trabalho e do mercado consumidor mundo afora.

Paralelamente a esse movimento da iniciativa privada, no primeiro mundo, o *welfare state* (Estado de bem-estar) começava a dar sinais de fadiga e declínio. O Estado, desacreditado, parecia não ter condições de garantir o pleno emprego, e o sistema público de previdência social começava a ruir, o que contribuiria para a perda de sua popularidade para a iniciativa privada que apresentava ganhos de produtividade nada ruins em uma época de vacas magras. A década de 1980 deu início a grandes modificações na esfera estatal, inicialmente na Inglaterra de Margaret Thatcher, mediante processos de privatização de parcelas do setor público, que seriam seguidos por muitos outros países desenvolvidos e em vias de desenvolvimento nos anos seguintes. A reivindicação a um Estado mínimo encontrou eco cada vez mais ampliado entre os partidários do neoliberalismo econômico, e as empresas privadas ressurgiram no cenário na qualidade de principal ator socioeconômico, especialmente após a queda do muro de Berlim, em 1989. Esse episódio valorizaria ainda mais o papel das empresas e exerceria forte influência na sua legitimação social como representantes genuínas do melhor sistema econômico já criado, aquele baseado no livre mercado. Supomos que é a partir desse momento que o aspecto econômico passou a ser considerado decisivamente como o fator determinante e predominante na vida das sociedades, organizações e indivíduos, e as empresas privadas passaram a ser vistas como o modelo organizacional por excelência a ser seguido por outros tipos e formatos organizacionais, independentemente de sua finalidade última.

As grandes transformações econômicas, sociais, políticas, tecnológicas e culturais ocorridas nas últimas décadas e a elevação do aspecto econômico à categoria de valor supremo têm causado sérios impactos nas sociedades modernas, cujos estudos sinalizam a existência de uma forte crise de identidade produzida por diversos fatores simultâneos (Freitas, 1999) e que pode ser caracterizada pela dissolução de referências que fundamentam os valores sociais, pelo enfraquecimento de instituições tradicionais que encarnam a importância desses valores e pela incapacidade das sociedades atuais de propor ideais coletivos, reduzindo os valores sociais apenas ao valor que é dado pelo mercado. O indivíduo, o cidadão, esgota-se no seu papel de consumidor.

Diversos autores, entre eles, Enriquez (1991; 1993; 2006), Enriquez e Haroche (2002), Castoriadis (1990; 1996), Le Goff (1999); Aubert e De Gaulejac (1991); De Gaulejac e Léonetti (1994); De Gaulejac (2005), Moscovici (1988), Dejours (1998) e Sennett (2004; 2005), apontam os elementos que constituem o mal-estar das sociedades atuais: a progressiva corrosão dos vínculos sociais e dos valores coletivos; a emergência da importância do indivíduo e a exacerbação do individualismo; a negação da existência e do reconhecimento do que é diferente e não-consensual; a instrumentalização do indivíduo e a sua mutação de ser humano para um número ou uma coisa passível de ser vendida e descartada; e a elevação do sentimento de impotência e exclusão daqueles que não desempenham uma função produtiva ou tenham um emprego. Dejours (1998) e Enriquez (2006) lembram que o que antes era chamado de "exército de reserva" era parte do sistema e poderia ter o seu emprego de volta no momento seguinte, porém, a tecnologia atual elimina empregos, o que acaba com a esperança dos desempregados de voltar a encontrar um lugar no mundo do trabalho ou, ainda, deve dar-se por satisfeito aquele que consegue uma posição qualquer, mesmo que não lhe traga nenhuma satisfação, nenhum reconhecimento e não lhe reclame nenhuma criatividade ou possibilidade de crescimento (Dejours, 1998). Encontramos nesses autores argumentos que sustentam as diferentes facetas das questões identitárias, considerando-as estreitamente relacionadas com a violência que acompanha o progresso social e econômico do final do século XX e do início do século XXI.

A origem dessa violência pode ser encontrada nos problemas de identidade caracterizados pela impossibilidade de os indivíduos se autodefinirem para si próprios, pela sua desorientação quanto aos valores coletivos e pelo aumento da insignificância dos indivíduos e das sociedades, que buscam sentidos e formas de reconhecimento na vida social, porém, sem jamais serem satisfeitos. A competição generalizada reforça o sentimento de hostilidade, inveja e indiferença ao outro, que passa a ser visto como objeto de ódio e ressentimento, o que parece uma nova forma de violência social, latente e induzida, que se apresenta em um nível de profundidade diferente daquela que é própria do recalcamento e das pulsões humanas.

A década de 1990 daria acabamento ao movimento de valorização das empresas, que doravante seriam consideradas as responsáveis pela riqueza das nações, pelo aprofundamento do desenvolvimento tecnológico, pela conquista de mercados nos confins do planeta e pela elevação seguida de índices de produtividade, o que justificaria antecipadamente as reestruturações a serem feitas e serviria de álibi aos "efeitos colaterais" que delas resultariam. Nessa época, vários autores analisaram a possibilidade da emergência de uma sociedade sem empregos e o que ela poderia trazer como resultados sociais (Rifikin, 1995; Forester, 1997; Bridges, 1995; Pastore, 1997).

No correr desse período, o mapa-múndi se modificaria para abrigar novos países que surgiram como resultado de processos de independência, de desmembramentos de blocos feitos anteriormente por razões ideológicas e pelo fim do colonialismo. Esses novos países e os novos ares da economia de mercado que sopravam incessantemente nos países do Leste europeu, nessa época recém-saídos, do regime socialista, elevaram ainda mais o nível de competição global e reclamaram índices de produtividade cada vez mais altos. Com o fim da guerra fria, agora seria a vez da guerra econômica. O movimento de globalização se intensificaria, a formação de blocos econômicos regionais ganharia relevo e a tecnologia da informática tornar-se-ia indispensável nas relações pessoais, sociais e organizacionais. A combinação desses fatores favoreceu o refinamento de um modo informacional de gestão, que está na origem das estruturas organizacionais em rede, que romperam com os modos anteriores de interdependência entre economia e sociedade.

As empresas, que sempre legislaram internamente com razoável autonomia, teriam agora as suas ações justificadas antecipadamente, pois seria preciso sobreviver, exportar, garantir divisas, desenvolver novos produtos, aumentar os mercados e eliminar a concorrência, quebrando-a e comprando-a. A organização do trabalho fundada em relações de longo prazo e superespecializadas, desenvolvidas em unidades isoladas que assentavam as bases do pós-fordismo, já não serviria mais a esses objetivos, pois seria preciso adequar a estrutura organizacional, transformar as relações produtivas e tecnológicas e modernizar os processos administrativos, produtivos e financeiros de forma a torná-las compatível com o novo paradigma informacional e global. A interdependência global forçou uma nova forma de relação com a economia, com o Estado e com a sociedade, e o fortalecimento do papel do capital se deu em detrimento do enfraquecimento sindical e da degradação das condições de trabalho. A nova organização do trabalho alterou completamente a relação com o tempo e o espaço, e tem se desenvolvido cada vez mais como um fluxo, prescindindo de vínculos sociais duradouros ou referências no passado.

Ora, se o processo de trabalho está no cerne da estrutura social, mudanças significativas no primeiro fator alteram a relação com o segundo, e isso se verifica no crescimento da produção sem a criação de empregos e na imposição de perda gradativa das proteções institucionais dos trabalhadores. As novas formas de gestão do trabalho têm tornado os trabalhadores vulneráveis ao desemprego, à queda de salários, à precariedade, a uma competição extremamente acirrada, à deterioração do clima no ambiente de trabalho, e todas essas condições portadoras de violência. Os sindicatos que continuaram funcionando nas bases industriais anteriores mostraram-se esclerosados e perderam força política diante da natureza revolucionária da informática e da economia cada vez mais globalizada e interdependente, diante das novas estruturas ocupacionais e especializações em local flexível e em fluxo, bem como diante da entrada de novos tipos de trabalhadores até então não representados (mulheres, jovens e imigrantes). A categoria de empregos que mais cresce nas sociedades atuais é a dos trabalhos temporários e em tempo parcial, o que fomenta o clima de ameaça ao fantasma do desemprego intermitente ou prolongado.

Paralelamente, o realinhamento estratégico das empresas seria concentrado no crescimento por meio de aquisições, fusões ou alianças e consórcios e seria redefinido o *core-business* que melhor integrasse os incrementos de produtividade dos diversos negócios. A circulação de capitais, assim, intensificou-se com o uso da informática, facilitando a execução cada vez mais rápida de processos de compra, fusão e parcerias entre empresas. Juntos, o processo de globalização e o uso intensivo da internet se reforçariam mutuamente e passariam a exigir um novo tipo organizacional e uma organização do trabalho pautada pelas características de flexibilidade, aprendizagem contínua, custos sempre em queda, desempenhos sempre mais elevados, equipes multiculturais e mobilidade em todos os sentidos. Empresas e indivíduos seriam incentivados a ser nômades sempre, a desenvolver vínculos transitórios e a definir metas apuráveis no curto prazo. O sucesso passaria a ser medido pela capacidade de ser o melhor e de mudar o mais rapidamente possível.

A estrutura organizacional bastante verticalizada seria enxugada mediante a redução de níveis hierárquicos e de unidades, da segmentação ou fragmentação de seu funcionamento em células ou projetos, da efetivação de processos de terceirização de atividades de apoio ou processos complementares de produção, da incorporação tecnológica permanente e interdependente, da eliminação de custos por meio da demissão em massa, da elevação da qualificação do pessoal remanescente, da flexibilidade e atualização permanentes, da avaliação de resultados em prazos cada vez mais curtos e de mudanças de localização geográfica para territórios mais vantajosos ou com legislação menos restritiva. Essas variáveis foram recobertas pela denominação "externalidades", que é uma forma de se retirar das empresas as responsabilidades pelas conseqüências sociais de suas decisões (Stiglitz, 2002).

Com ênfase cada vez maior a recair sobre o aspecto econômico e o paulatino enfraquecimento de outras instituições sociais, a relação do indivíduo com o seu emprego tornou-se praticamente a sua fonte principal de identidade social e pessoal, uma vez que esse indivíduo foi reduzido a seu papel profissional, e é no ambiente de trabalho que ele vivencia a concretude de alguns valores coletivos. Vale dizer, é o estatuto profissional que hoje referencia o sujeito social. Assim, o vínculo profissional ganha relevância paradoxal, pois estamos falando de um mundo em que o vínculo com o trabalho tende a ser cada vez mais raro, mais curto e mais superficial, ao mesmo tempo em que se torna a referência central a testemunhar a existência do indivíduo. Isto posto, precisamos considerar outro problema configurado pela tendência ao agravamento da crise de identidade em virtude do afrouxamento desse vínculo social com o trabalho. Ou seja, o que acontece aos indivíduos que não têm um emprego? Resposta: a total ausência de reconhecimento de existência e a sua impossibilidade de encontrar um lugar social.

Ora, uma parte substancial da nossa identidade é dada pelo olhar do outro, ou seja, pelo reconhecimento que somos capazes de suscitar no outro. Esse reconhecimento assume duas formas: a de que fazemos parte de algo maior e a de que somos seres singulares. Na medida em que o trabalho assume cada vez mais centralidade na vida do indivíduo, o seu pertencimento a um grupo, no qual ele possa desenvolver e demonstrar a sua capacidade de criação e realização, torna-se crucial. Assim, podemos dizer que não existe uma separação entre o mundo objetivo do emprego e o mundo subjetivo do reconhecimento da existência do indivíduo, pois eles se materializam na essência de uma relação dual, na qual a singularidade do fórum interior individual encontra ou não significação no espaço ampliado do mundo do emprego. É preocupante o estreitamento das fontes de reconhecimento, pois sem ele o indivíduo seca, desenvolve patologias e pode até morrer diante do atestado de sua inutilidade para si e para os outros. A ausência de reconhecimento pode levar à morte, pois o que deixa de ser reconhecido não diz mais respeito a um mero emprego, mas a uma existência que só se valida por ele.

A perda de sentido, a perversão dos valores sociais, a comunicação ou as exigências paradoxais, a dissolução do coletivo, a transformação do ser humano em "coisa", bem como a pressão imposta por uma competição sem limites, a ameaça permanente da exclusão e a perda de confiança generalizada são sintomas de uma economia que parece desenvolver-se à custa da sociedade.

Ora, já sabemos que, para as grandes empresas, o desemprego não é um problema, mas uma solução e uma forma de terem elevados imediatamente os preços de suas ações nas bolsas mundiais. Um simples anúncio de reestruturação ou de uma fusão, que fatalmente implica demissões, serve de estímulo extra à gula dos investidores e à melhoria dos humores do mercado. Em uma economia cada vez mais globalizada, na qual as empresas são cada vez mais nômades, não tem importância maior o que ocorre com as economias locais ou a degradação das sociedades locais, pois o que as empresas vislumbram é o cenário que pode lhes garantir os maiores retornos rapidamente; esse cenário é o alhures, não importa o que ocorre localmente, afinal, numa guerra não se pode pensar em questões menores (De Gaulejac, 2005; Freitas, 2006; 2007a).

Segundo De Gaulejac (2005), o argumento da guerra econômica participa da construção de um imaginário social que serve de proteção ao exercício da dominação, na qual todos os remédios são econômicos. A sociedade gerida pela lógica e ideologia gerencial faz prevalecer um contrato social que vigora com base na instrumentalidade que transforma cidadãos em meros consumidores, excluindo aqueles que não têm poder de consumir. É o que Jürgen Habermas chamaria de a subordinação da lógica do indivíduo ou do mundo da vida à lógica da empresa ou mundo do sistema. Na empresa, a violência não é repressiva, mas psíquica, ligada às exigências paradoxais impostas pela nova organização do trabalho. Quanto mais o profissional tem sucesso, maior a sua dependência de palco para mais sucesso; quanto mais a empresa progride, mais o indivíduo regride; quanto mais ele se identifica a ela, mais perde a sua autonomia; quanto mais ela diz que o humano é o seu ativo mais importante, mais ela o degrada em suas ações. Ou seja, lidamos com o funcionamento de um sistema que manipula as armadilhas do desejo do indivíduo; nele, o sentimento de potência o torna impotente, pois a imagem de expansão ilimitada não é outra senão a ilusão de uma projeção da imagem sem limites, que a empresa cultiva de si e a repassa por meio da sua cultura (Enriquez, 1992; Freitas, 1999).

O medo de fracassar, de não estar à altura e da perda do seu lugar serão permanentes companheiros do indivíduo nessa organização de ética de resultados cada vez mais elevados e legitimada na sociedade dos indivíduos sob pressão contínua. O que fica evidente é, pois, a iniqüidade do contrato social para aquele que não tem mais lugar no mundo do trabalho; este passa a ser visto como e sente-se inútil, imprestável, fracassado e um peso para as políticas sociais, se houver. A falta do emprego decreta a morte social do sujeito, porque ele não encontra mais na sociedade um lugar, um estatuto, uma identidade, um reconhecimento ou uma existência social. A exclusão social é a ausência total desses vínculos, e quando o indivíduo não encontra respostas às suas necessidades vitais de valorização e de identificação a um grupo, ele perde a noção de dignidade própria e a compreensão das regras que sustentam o social, o que pode gerar mais violência (De Gaulejac e Léonetti, 1994; Dejours, 1998).

Quanto aos indivíduos que estão ativos no mercado, devem desenvolver a aprendizagem contínua, não apenas em relação aos conteúdos de seu trabalho, mas também uma aprendizagem insuflada pela sobrecarga gerada pela multiplicidade de tarefas, pelas metas sempre puxadas para cima, pela demonstração constante de sua sede por desafios, pelo sentimento de culpa por não ser excepcional e brilhante todos os dias, pela necessidade de esconder a angústia de ser desmascarado pelo julgamento excessivo de seus avaliadores ou, ainda, pelo sofrimento oculto resultante do medo de nunca alcançar a sua realização ou de nunca ser bom o bastante. O custo dessa excelência (Aubert e De Gaulejac, 1991) ou as armadilhas da perfeição (Hendlin, 1992) podem ser traduzidos em múltiplas manifestações de sofrimento no trabalho (Ramaut, 2006), pelo complexo de impostura

(Clance, 1986) e pelo estresse profissional (Légeron, 2003), que marcam a violenta competição no ambiente de trabalho atual, que – mais uma vez, paradoxalmente – reclama o trabalho de equipe e a confiança na partilha de informações e de conhecimentos em um ambiente em que "não confiar" deve ser a regra.

Diversos estudiosos (Aubert e De Gaulejac, 1991; Hendlin, 1992; Clance, 1986) apontam que a cultura da ansiedade, gerada pela busca da perfeição e pela conquista sem falhas, provoca "doenças vergonhosas", caracterizadas por uma lógica que não garante nenhuma confiança ou crédito pelo que o sujeito realizou, visto que a cada nova tarefa parte-se do zero e inicia-se uma nova contagem de metas, resultados e aprendizagem. Ou seja, um mecanismo que esgota o indivíduo e o exaure na realização de projetos de que ele próprio não reconhece mais a importância apenas pelo fato de que já está feito. Isso significa que o profissional, por brilhante e realizador que seja, sente-se sempre dançando sobre uma navalha, pois nunca é bom o bastante e condena-se a resultados cada vez mais elevados, modelando sua imagem a um ideal insaciável e inatingível, encarnando um herói que já nasce morto (Freitas, 1999). Muitos profissionais duvidam do próprio sucesso, estão convencidos de que ele não se deve à sua competência e à sua inteligência e têm medo de ser desmascarados.

Diante desse cenário que penaliza aquele que não tem um emprego e aquele que o tem, depreendemos que o modo como o trabalho está organizado e é gerido favorecem relações violentas, pois neles imperam regras incertas, mutáveis, promessas não cumpridas, reconhecimentos negados, punições arbitrárias, exigências de submissão de uns e de arrogância de outros. A rentabilização do ser humano, ou seja, a sua transformação em coisa, em projeto ou em capital permite uma justificativa da violência no ambiente de trabalho e neutraliza o mote da sobrevivência e do vale-tudo para se salvar, deixando um rastro de estigmatizados como perdedores e descartáveis. A sociedade como um todo está sob pressão diante da competição generalizada e da penalização do trabalho diante da desmedida do capital (Linhart, 2007), o que, muitas vezes, leva ao esquecimento de que a finalidade da sociedade não é promover maiores lucros para as empresas, mas produzir os vínculos sociais e as instituições que lhe dão corpo, garantindo os direitos dos cidadãos que a constituem.

Le Goff (2000), De Gaulejac (2005) e Appay (2005) explicitam seus receios de que o debate em torno do fenômeno chamado "assédio moral" seja confinado a um mero conflito entre indivíduos psicologizados e que seja desconsiderada a responsabilidade que a organização do trabalho, as mudanças nas condições de trabalho e a dificuldade de manutenção do emprego têm exercido sobre todos. Isto é, a chantagem do emprego e a pressão contínua e crescente podem ser mascaradas na atribuição de culpa aos indivíduos perversos, quando sabe-se que essa relação perversa nutre-se da institucionalização e do encorajamento de um modelo de gestão fundado em maus-tratos, em práticas sádicas e na promoção de responsáveis organizacionais, que encontram prazer em reforçar ou imprimir o sofrimento no ambiente de trabalho em vez de buscar reduzi-lo.

É certo que a organização do trabalho, tal como a descrevemos, é o pano de fundo que produz a violência genérica e generalizada, porém, é certo também que instituições, empresas e indivíduos envolvidos nessas práticas nefastas não estão imunes de suas responsabilidades por suas ações diretas e não têm álibis para cometer a perversidade sem arcar com as suas conseqüências. Combater, coibir, prevenir e eliminar a violência no ambiente de trabalho é uma tarefa que tem múltiplas facetas e deve ser enfrentada por múltiplos atores, pois a construção de um ambiente de trabalho seguro e saudável deve ser um objetivo a ser perseguido permanentemente por indivíduos, grupos, empresas e instituições.

capítulo 2

A qualificação do assédio moral no ambiente de trabalho

Em 1994, a Warner Bros produziu – com enorme sucesso de bilheteria e polêmica – o filme *Assédio sexual*,[1] protagonizado por Michael Douglas e Demi Moore. A ficção deu vida a muitas histórias vividas em organizações ao redor do mundo, altamente indenizadas nos Estados Unidos e amplamente divulgadas pela imprensa do politicamente correto durante toda a década de 1980. O filme causou grande rebuliço principalmente, mas não exclusivamente, entre as feministas do planeta, que reclamaram do argumento de que as mulheres como chefes são tão abusadas quanto são os homens quando estão no poder; que a presença feminina tornaria os "assexuados" ambientes de trabalho em locais de sedução; que uma mulher jamais esquece o seu passado amoroso e tentará, sempre que tiver oportunidade, recuperar o parceiro apenas para mostrar a sua força sedutora; que a discriminação das mulheres no ambiente de trabalho aumentaria por medo de indenizações que deveriam ser pagas por empresas, fosse por mal-entendidos, má-fé ou ocorrências verdadeiras de assédio.

---

1 *Disclosure* (*Assédio sexual*), produção norte-americana de 1994, com direção de Barry Levinson.

De fato, várias empresas nos Estados Unidos anunciaram medidas preventivas para evitar situações em que um homem e uma mulher ficassem a portas fechadas, ou sozinhos, no ambiente de trabalho, nas lanchonetes e nos elevadores das empresas. Em qualquer sala de trabalho deveria haver pelo menos três pessoas, com as portas abertas ou com o interior visível. O assédio sexual poderia ser caracterizado, até mesmo, pela maneira de uma pessoa olhar a outra, bastando o depoimento da parte ofendida por essa visão "invasora". O assédio sexual foi debatido exaustivamente e é hoje considerado pela lei norte-americana crime que jamais prescreve.

Apesar da caricatura da vida real, aprendeu-se muito com o filme, mas talvez as principais lições tenham sido: a) é necessário nomear um fenômeno para estudá-lo, caracterizá-lo e torná-lo passível de julgamento; b) a definição de que o assédio sexual não se refere ao sexo, mas ao poder; c) a de que o assédio sexual implica necessariamente uma relação assimétrica, em que uma parte pode penalizar a outra, caso essa não se submeta; d) no filme, o sexo é usado apenas como o castigo que está sendo imposto e não um convite ao prazer. Foi necessária uma produção cinematográfica para popularizar uma velha prática autoritária e machista, dando-lhe um nome e uma definição, trazendo o assunto para a consideração e os cálculos de advogados de empresas e dos tribunais.

O filme chamou a atenção para um tipo de violência no ambiente de trabalho que até então era tratada como um problema meramente individual. A elevação da violência no trabalho à categoria de tema a ser debatido pela sociedade em geral abriu espaço para que instituições como a Organização Mundial do Trabalho e a Organização Mundial da Saúde se interessassem por pesquisar o assunto, que já vinha sendo tratado quase silenciosamente pela academia. O primeiro amplo relatório da Organização Internacional do Trabalho (OIT) sobre "violência no trabalho", de 1996, apresentava um quadro assustador e já configurava a violência no trabalho como problema mundial. Naquela época, uma pesquisa realizada nos quinze países que compunham a Comunidade Européia, com 15.800 entrevistados, apresentou como resultados uma grande variedade de comportamentos violentos no universo do trabalho, como: homicídios, estupros, roubos, agressões físicas, seqüestros, assédio sexual e assédio moral. Segundo o relatório, em 1996, 3 milhões de pessoas se disseram assediadas sexualmente e 12 milhões se disseram vítimas de assédio moral naqueles países.

A segunda versão desse relatório foi apresentada em 2000. Os seus resultados foram ampliados e demonstraram que o fenômeno é evidentemente global, ainda que a sua extensão real não seja totalmente conhecida. O que é conhecido pode ser considerado apenas a ponta de um *iceberg*, a partir da qual se pode verificar que se trata de algo que ocorre indiscriminadamente em países ricos, remediados e pobres. Essa constatação reforça o argumento de que esta violência é produzida por fatores mais abrangentes, que atravessam culturas, sociedades e formatos organizacionais, ainda que esses fatores possam contribuir para o seu aumento. Nos Estados Unidos, por exemplo, em 2000 foram registrados mil casos de homicídios no ambiente de trabalho (a segunda maior causa de mortes, logo após os acidentes de trânsito no percurso trabalho–casa); no Reino Unido, 53% de trabalhadores se disseram vítimas de violência sexual e moral; na Suécia, o assédio moral é considerado responsável por 15% dos suicídios cometidos; na África do Sul, 80% dos entrevistados disseram que já sofreram comportamentos hostis no ambiente de trabalho pelo menos uma vez em sua vida. O site da instituição (www.ilo.org) traz uma rica e assustadora base de dados e de estatísticas sobre o mapa mundial da violência no ambiente de trabalho. Dentre as formas violentas ali descritas, a violência psicológica é a que apresenta o maior crescimento entre as duas pesquisas, e é somente dela que nos ocuparemos neste texto, ainda que façamos referências ocasionais a outros tipos de comportamentos cruéis.

OS ESTUDOS PIONEIROS

É importante esclarecer que diferentes autores, em diferentes países, usaram diferentes terminologias para falar sobre a violência psíquica. Consideramos, pois, bastante útil para a compreensão do desenvolvimento histórico e do aprofundamento desses estudos manter a denominação original e a caracterização que cada pesquisador utilizou no seu estudo.

Heinz Leymann é considerado o precursor dos estudos sobre o fenômeno que viria a ser conhecido entre nós como assédio moral. Nascido na Alemanha, doutor em psicologia do trabalho, Leymann mudou-se para a Suécia, onde assumiu uma cadeira na Universidade de Estocolmo, dedicando-se à pesquisa sobre ambiente de trabalho e saúde. No início dos anos 1980, ele começou a investigar o sofrimento no trabalho e chegou a resultados inéditos e preocupantes, que o estimularam a ampliar em nível nacional as suas pesquisas, sendo que estas foram depois estendidas a toda a região escandinava e aos países de língua alemã. O objetivo de seu trabalho era o de sensibilizar assalariados, sindicalistas, administradores, médicos do trabalho e juristas para a gravidade da situação, incitando-os a combater e a prevenir esses processos destruidores.

Ao longo dos anos 1980, essas pesquisas foram amplamente divulgadas no meio acadêmico e, em 1993, Leymann lança o livro em que utiliza os termos em inglês *mobbing* e *psicoterror* (terror psicológico) no ambiente de trabalho. A sua contribuição nessa área inaugura um novo campo de investigação sobre o ambiente de trabalho e a saúde psíquica, pois o autor desenvolveu muitos estudos empíricos, aprimorou metodologias, chamou a atenção de especialistas de vários campos. Ele legou ainda um instrumento de pesquisa, chamado LIPT (Leymann Inventory of Psychological Terrorisation – Índice Leymann de Terrorização Psicológica), no qual descreve atitudes e comportamentos que configuram o assédio.

Desde 1977, os países escandinavos contam com uma lei que, além de regular a proteção da saúde física e psíquica dos indivíduos no ambiente de trabalho, visa eliminar todas as condições e circunstâncias no trabalho que possam ser geradoras de problemas mentais. Um orçamento do governo era colocado à disposição de pesquisadores para que eles estudassem em todo o país as situações do ambiente de trabalho, definissem os problemas potenciais e propusessem soluções para eliminar os comportamentos hostis e cruéis. Dentre os profissionais que faziam parte desses grupos de pesquisa, encontravam-se psicólogos, sociólogos, psiquiatras e médicos do trabalho. Em 1994, a lei foi complementada por um decreto específico que previa que as vítimas desse fenômeno deveriam receber ajuda e cuidados médicos, porém, o sistema de saúde pareceu não estar ainda totalmente aparelhado para cumprir esse objetivo (Hirigoyen, 2001).

Segundo o autor, o *mobbing* diz respeito a um processo no qual um indivíduo é selecionado como alvo e marcado para ser excluído, agredido e perseguido sem cessar por um indivíduo ou um grupo no ambiente de trabalho. Essa perseguição pode vir de um colega, de um subordinado ou de um chefe. Ela é geralmente iniciada por algum desacordo não expresso com a vítima, que passa a ser objeto de preconceito, classificada como "uma pessoa difícil", incômoda e com quem é impossível conviver, portanto, sendo necessário livrar-se dela. Uma vez desencadeado esse processo de terror psicológico, caso não haja intervenção externa, tende a ser reforçado pela omissão e pela conivência de superiores e colegas. Infelizmente, foi percebido que, mesmo junto aos sindicalistas, comitês de fábrica e gerentes, reinava a preferência pela ignorância, pelo desconhecimento ou desinteresse por esse tipo de situação, sendo a vítima tratada como a causadora dos problemas que lhe afligiam.

O aspecto essencial das pesquisas conduzidas por Leymann e sua equipe repousava na apreensão do problema, na determinação de termos unívocos para os objetos de estudo e para os comportamentos dos pesquisados, bem como para a diferenciação de situações que eram aparentemente semelhantes. Ficou claro que nomear o fenômeno era o primeiro passo para o seu conhecimento e intervenção, pois os nomes criam uma relação entre a pessoa e os demais, e entre as pessoas e as coisas. Qualificar o comportamento abusivo como *mobbing*, e evitar que os agressores e os espectadores embaralhem as cartas, desdenhem da descrição e desqualifiquem a gravidade da ocorrência, foi e continua sendo uma grande dificuldade na penalização dessa prática perversa e nociva à vida. Na complementação da lei sueca, de 1994, ficou definido que *mobbing* "são as ações repetidas e repreensíveis ou claramente negativas, dirigidas contra empregados de maneira ofensiva e que podem conduzir ao seu isolamento do grupo no local de trabalho" (Hirigoyen, 2001, p. 62-63, tradução dos autores).

Em seu livro, Leymann traz resultados de várias pesquisas, entre elas uma realizada com 2.500 suecos, em que encontrou que, entre os assediados, 55% eram vítimas do sexo feminino e 45% do sexo masculino. Os homens são agredidos em 76% dos casos por outros homens, enquanto as mulheres são agredidas por outras mulheres (40%), por homens (30%), por ambos os sexos (30%), o que demonstra nuanças e distinções do processo quanto ao gênero da vítima. Essa distinção ocorre também em relação à natureza dos comportamentos, que assume as seguintes facetas: a) no caso das mulheres, os comportamentos cruéis são relacionados à maledicência, a fofocas e injúrias, ridicularização da vítima em público, espalhar rumores sobre enfermidades e vida privada da vítima, privar de expressão a vítima procedendo por alusões ou indiretas e criticar seguidamente o seu trabalho sem lhe dar o direito à defesa; b) no caso de agressões cometidas por homens, os métodos mais freqüentes apontados são relacionados à repressão e à designação de tarefas novas sem cessar (o que aumenta a possibilidade de erros), tarefas insignificantes, ameaças verbais ou silêncios insultuosos, agressão no campo das convicções religiosas ou políticas e atribuição de posto de trabalho totalmente isolado ou em condições humilhantes.

Os estudos também demonstraram que 22% dos deficientes físicos, assalariados e sindicalizados na Suécia, foram alvo das seguintes manifestações de assédio: críticas sobre a sua vida privada; o posto de trabalho era totalmente isolado de contato; a não-atribuição intencional de tarefas para forçar a ociosidade e a inutilidade da vítima; a suposição e a atribuição pública de doenças mentais; referências pejorativas e deboches por causa de seu defeito; imitações do andar, da voz ou de seus gestos. Por fim, o autor apresenta três constatações quanto ao possível encaminhamento de uma solução: a) se a vítima não reage quando o *mobbing* tem início, ele se amplia por si mesmo, ou seja, a inércia gera um efeito bola de neve; b) uma vez instalado, o *mobbing* torna-se difícil de ser remediado, pois a vítima já está estigmatizada; c) uma vez estigmatizada, desconsiderada, todos os meios são válidos para se livrar dela e os agressores não se consideram ameaçados.

Os estudos escandinavos continuam sendo uma fonte de inspiração e referência para todos os interessados na compreensão desse fenômeno. Leymann é reconhecido pela sua incansável dedicação ao seu estudo e combate, causa que defendeu em todas as frentes até a sua morte, em 1999. A força dessa luta e os seus impactos levam a indagar o porquê das primeiras pesquisas sobre um tema tão incômodo terem sido realizadas primeiro nessas sociedades tidas como mais democráticas e igualitárias.

Arriscamos aqui três suposições: a) a de que a sociedade cria o ambiente social e político que faz vigorar a cobrança e aprovação de leis que respeitem o homem mais do que a propriedade, assegurando o seu cumprimento e reduzindo os seus efeitos sobre as vítimas; b) a de que as leis servem não apenas para proibir e penalizar, mas também para prevenir o surgimento de condições nocivas e estimular o aprimoramento de mecanismos mais salutares nos ambientes laborais; c) a de que o que se passa no interior das organizações, notadamente no das empresas, diz respeito à sociedade como um todo, a quem aquelas devem prestar contas. Assim, entendemos que existia um contexto histórico favorável à emergência desses estudos nos países escandinavos.

Inglaterra, 1992. A emissora de televisão BBC apresenta uma série de documentários sobre situações denominadas *bullying*, termo utilizado genericamente para descrever humilhações, vexames, constrangimentos ou ameaças que crianças infligem umas às outras, especialmente no ambiente escolar. A conhecida perversidade infantil pode se manifestar por várias razões, sendo a mais comum a rejeição de novatos ou de pessoas que diferem do grupo em virtude de características físicas (ser gordo, usar óculos, por exemplo) ou de personalidade (tímido, introvertido, observador, focado nos estudos). Esse termo foi ampliado para estudar as agressões cometidas em alguns ambientes específicos, inicialmente os esportivos e os militares, e, em seguida, foi estendido ao universo familiar e ao laboral.

É nesse contexto que ganha relevância o trabalho desenvolvido pela jornalista Andréa Adams (1992) na condução de dois programas de debates e entrevistas com especialistas na tevê: "Um abuso de poder" e "De quem é a culpa?". Em virtude de sua grande repercussão no público, rendendo-lhe uma enorme correspondência com denúncias de casos em diferentes situações, outros estudos foram realizados e debates foram abertos em outras frentes. A própria jornalista, uma ex-vítima de *bullying*, resolveu criar uma ONG que hoje leva o seu nome (2006), com o objetivo de combater esse problema no mundo do trabalho, por meio da disseminação de informações e esclarecimentos dos trabalhadores de diversos setores da economia.

A denominação *bullying* é aceita no Reino Unido e na Austrália (nos Estados Unidos se usa mais o termo *mobbing*), para se referir: a) ao comportamento ofensivo contra um indivíduo ou grupo de trabalhadores; b) a esses ataques que são imprevisíveis, desleais, irracionais e dificilmente notados pelos outros; c) ao abuso de poder que mina aos poucos a confiança e a auto-estima da pessoa em foco; d) ao fenômeno que é visto como usado por quem tem poder ou posição para coagir por meio do medo, da perseguição, da força ou de ameaças. Portanto, essa denominação deixa implícito o fato de que o *bullying* ocorre basicamente entre uma condição superior e outra subordinada, limite que não é compartilhado por outros pesquisadores. A Fundação Andréa Adams e o sindicato Manufacture Scientific and Financial (MSF) – o maior sindicato britânico, que representa os setores da indústria, da ciência e das finanças – realizaram um estudo, em 1995, com mil trabalhadores, cujo resultado informou que 78% dos entrevistados haviam sido testemunhas de alguma situação de assédio e que 51% deles foram as próprias vítimas. Autores como Martino, Hoel e Cooper (2003), Sheem, Barker e Rayner (1999) e Hoel e Cooper (2000) assinam algumas das pesquisas inglesas mais expressivas sobre esse tema.

Na França, o psiquiatra, psicanalista e professor Christophe Dejours lança, em 1998, o livro *Souffrance en France*: la banalisation de l'injustice sociale, que amplia as suas análises anteriores sobre o mundo do trabalho e os efeitos da organização do trabalho sobre a saúde mental dos trabalhadores. Ele entende que existe uma guerra econômica operada mediante a elevação crescente da competitividade.

Em nome dessa guerra, os fins justificam os meios e toda uma linguagem é ideologicamente construída para justificar os efeitos perversos que as decisões tomadas em organizações públicas e privadas podem gerar. Entre os termos usados em repartições públicas e empresas, encontram-se, por exemplo, as expressões "retirar a gordura má", "fazer uma faxina", "passar o aspirador", "lutar contra a esclerose" para referir-se aos enxugamentos das estruturas organizacionais e às demissões de funcionários. Percebe-se que essa linguagem atribui implicitamente aos funcionários a origem dos problemas das organizações, merecendo, portanto, ser extirpados. Subentende-se que os procedimentos cirúrgicos são dolorosos, porém, necessários, pois estão fazendo mal ao corpo organizacional e ameaçando a sua sobrevivência, ao passo que uma faxina é um processo para remoção de sujeira, sempre bem-vinda e que se justifica por si só. Uma vez definido e naturalizado como uma gordura má, uma doença mental, um tumor ou uma sujeira, o trabalhador é rebaixado e humilhado antes mesmo de se executar o plano de limpeza ou cirurgia. Esse é o início de um processo perverso que justifica comportamentos cruéis e mecanismos de defesa, entre os quais, não é negligenciável o papel exercido pela banalização da violência dentro das organizações, que se expressa pelo medo e pela vergonha impostos aos trabalhadores.

Ainda que Dejours não tenha se referido especificamente ao assédio moral, a sua obra, particularmente este livro (1998), explicita a relação entre organização do trabalho e a elevação da violência moral nesse ambiente, ou seja, existe um contexto estrutural que estimula, insufla e reforça a guerra econômica que coloca todos contra todos. Visto que os Estados-nação perdem poder cada vez mais no contexto da guerra globalizada por competitividade, a guerra econômica parece ganhar vida própria e as empresas podem mudar de endereço sem dar qualquer satisfação às sociedades que as acolhem. Também no que diz respeito à redução do papel do Estado na economia, a máquina administrativa deve ser gerida cada vez mais pela mesma lógica gerencial das empresas. Repetimos: a nova organização do trabalho mudou a relação da economia com as sociedades locais.

Um outro livro, também lançado em 1998, na França, tornou-se rapidamente um *best-seller* e abriu um grande debate nas escolas, universidades, sindicatos, empresas, repartições públicas, publicações em revistas especializadas e de acesso popular, jornais e tevê, envolvendo especialistas de diversas formações. Sua autora, Marie France Hirigoyen, é psiquiatra, psicanalista e psicoterapeuta familiar, e utilizou pela primeira vez a expressão "assédio moral" para falar da violência perversa no cotidiano das famílias e do mundo do trabalho.

Segundo essa autora, não se pode confundir a violência pontual, derivada de grosseria, nervosismo e mau humor, a que todos estamos sujeitos no nosso cotidiano doméstico ou no trabalho, com a violência insidiosa e destrutiva que se repete no tempo e que visa destruir psiquicamente o outro. Alguns indivíduos não podem existir senão pelo rebaixamento de outros; é necessário arrasar o outro para que o agressor sinta-se poderoso, mas não se pode considerar que a perversidade nesses casos seja um problema psiquiátrico, mas sim que ela provém de uma incapacidade de considerar o outro como ser humano. No local de trabalho, o assédio moral pode ser visto como uma patologia da solidão, ou seja, ele atinge prioritariamente as pessoas que estão trabalhando de forma mais isolada ou que não têm uma inserção forte no grupo, ficando assim mais desprotegidas em relação a essa ameaça.

Nas organizações, a violência e o assédio nascem do encontro da inveja do poder do outro e da perversidade. Esse poder pode ser real ou imaginário, mas ele incomoda o agressor, sendo que o atributo que o expressa pode ser sustentado em qualquer fonte, como conhecimento, beleza, relacionamento social ou competência. Para Hirigoyen, o assédio pode ocorrer em todas as direções, ou seja, partindo tanto de chefes e colegas como vindo de subordinados. Não existe necessariamente um conflito entre o agressor e a vítima, podendo mesmo o assédio ocorrer de forma subterrânea, na qual o agressor vai minando aos poucos o ambiente da vítima sem que ela se dê conta. Aliás, os conflitos geralmente fazem emergir as divergências e as discórdias, possibilitando a sua negociação ou resolução. Nos casos de assédio, contudo, a vítima pode ignorar o problema por bastante tempo, uma vez que, freqüentemente, as pessoas à sua volta assistem em silêncio ao desenrolar da trama. Aliás, o agressor conta com o fato de que, geralmente, as pessoas evitam se envolver em situações desagradáveis e se posicionar sobre temas que possam redundar em prejuízos para si. Aqui as condições organizacionais exercem uma enorme influência, podendo combater ou incentivar essas ocorrências, como veremos no capítulo seguinte.

Não é incomum que o assédio moral surja de forma insignificante, confundindo-se com uma brincadeira de mau gosto, o que dificulta a sua consideração séria pela vítima e a sua formalização como um problema organizacional. Como a sua característica principal é a repetição, é somente depois de ser regularmente acuada que a vítima percebe que os ataques se multiplicaram e o seu estado de inferioridade ou fragilidade torna mais difícil a sua reação. Essas agressões geralmente não são infligidas diretamente, mas elas são constantes o suficiente para provocar uma queda de auto-estima da vítima, que se sente humilhada, usada e suja. Esses sentimentos contribuem para o seu isolamento, fortalecendo o círculo vicioso, ou seja, quanto mais isolada, mais frágil e mais atacada. Não raro, até os familiares e amigos da vítima desconhecem o que está se passando com ela, especialmente se estamos nos referindo aos homens, pois estes têm maior dificuldade em assumir e compartilhar com outros o seu sofrimento.

Ainda nesse primeiro estudo, a autora revelou situações que demonstram que o assédio pode ser praticado em todas as direções:

A) um colega é agredido por outro colega – os grupos tendem a nivelar os indivíduos e a não suportar as diferenças; pode reagir muito agressivamente um indivíduo ou um grupo que tem que lidar com situações profissionais em que mulheres vêm integrar grupos majoritariamente masculinos ou o contrário; também a chegada de homossexuais, de indivíduos de outras culturas ou pertencentes a outras etnias ou colegas que têm diferentes experiências, níveis bastante diferentes de escolaridade, grande diferença nas faixas etárias, deficientes físicos ou pessoas com outras preferências políticas e religiosas. Essas distinções podem servir de pretexto para desencadear agressões que aos poucos podem se tornar assédio moral;
B) um superior é agredido pelo(s) subordinado(s): trata-se de um caso muito mais raro, porém, pode ocorrer em situações de profissionais expatriados, que chegando na nova unidade para assumir posição superior está completamente dependente de informações e aceitação local. Ora, uma vez que o grupo que o acolhe não aceita essa designação, ele pode reagir de forma a sabotar o trabalho do recém-chegado e dificultar a sua adaptação na organização, escondendo-lhe informações importantes para o seu desempenho. Pode ainda ocorrer quando um grupo tem a expectativa que dada promoção será feita para algum de seus integrantes, e a vaga é ocupada por alguém de fora, provocando desejo de revanche ou hostilidade. Pode ser encontrada também nas situações de fusões ou aquisições mal conduzidas e em que um profissional de uma das empresas chefia todo um grupo remanescente da outra. Pode também ocorrer quando um subordinado tem acesso privilegiado ao chefe de seu chefe ou aos pares de seu chefe e utiliza esse acesso para maledicência, fofocas, intrigas, injúrias e insinuações que levam o ouvinte a duvidar da seriedade da vítima;

C) um subordinado é agredido pelo chefe: trata-se do caso mais comum de expressão de abuso de poder e tirania de chefes que dão vazão às suas frustrações ou às suas fantasias de onipotência para acuar, destratar, humilhar, esbravejar e reduzir o subordinado a nada. Freqüentemente, as estruturas muito hierarquizadas e os chefes que se sentem deuses impunes estão na raiz dessas ocorrências, que podem ser expressas em violência verbal e física, alteração negativa das condições de trabalho e chantagem permanente sobre demissão. Não raro, esse tipo de assédio pode levar ao assédio sexual, ou ser conseqüência dele; quer dizer, tanto o assédio moral pode dar origem ao sexual quanto a resistência a uma tentativa de assédio sexual pode gerar o assédio moral.

Foram grandes o sucesso e o impacto desse livro de Hirigoyen, que teve tradução em vários idiomas, porém, ao lado de sua ampla divulgação houve uma série de mal-entendidos que tornaram na linguagem corrente todo tipo de agressão um assédio moral. Sabemos que não existe nada mais eficaz para desqualificar um tema do que a sua banalização, razão pela qual a autora publicou em 2001 outro livro com o título *Malaise dans le travail*: dêmeler le vrai du faux (que na versão em português recebeu o título de *Mal-estar no trabalho*: redefinindo o assédio moral). Ela disse que o seu primeiro livro, com uma análise mais psicológica centrada na interação do agressor e da vítima, teve papel fundamental em despertar o interesse de pessoas e instituições sobre o assunto, por isso, o uso rigoroso do termo "assédio moral" deveria evitar a inclusão de elementos diferentes. Entretanto, a expressão, ao fazer parte da linguagem corrente, acabou assumindo outros significados para problemas que não eram o que o termo queria dizer. Também a autora buscou analisar o assédio moral no trabalho no contexto mais geral da violência da sociedade. A autora manteve nesse segundo texto a definição de assédio moral que usou nos seus primeiros estudos, para quem

> o assédio moral no trabalho é definido como qualquer conduta abusiva (gesto, palavra, comportamento, atitude...) que atente, por sua repetição ou sistematização, contra a dignidade ou integridade psíquica ou física de uma pessoa, ameaçando o seu emprego ou degradando o clima de trabalho. (Hirigoyen, 2001, p. 17, tradução dos autores)

Essa definição teve uma grande repercussão e serviu, sem dúvida, de subsídio para que os legisladores criassem e aprovassem a Lei n. 2002-73, de 17 de janeiro de 2002, em seu artigo 168 (tradução dos autores), que estabelece:

> constitui assédio moral as atitudes ou os procedimentos repetitivos, que têm por objeto ou por efeito uma degradação das condições de trabalho de um assalariado, susceptível de atentar contra os seus direitos e sua dignidade, de alterar a sua saúde física ou mental e de comprometer o seu futuro profissional. O assédio moral pode ser feito pelo empregado, seja superior hierárquico ou colega.

A lei estipula que um processo pode ser engajado por qualquer pessoa da empresa que se considere vítima de assédio moral ou sexual. Aliás, o assédio sexual já havia sido previsto em lei desde 1992 e explicitava a proibição de um empregador impor qualquer tipo de sanção a funcionário que se recusasse submeter-se ao assédio sexual ou a constituir processo com base nessa acusação. A lei de 2002 representa um avanço notável e serviu de inspiração para debates nos meios jurídicos de outros países europeus.

Em 2000, pesquisas realizadas na França por Hirigoyen revelaram que 70% das mulheres e 30% dos homens que foram vítimas de assédio moral também sofreram investidas com conotações sexistas. Em relação ao assédio moral especificamente relacionado com a idade, a pesquisa trouxe os seguintes resultados: 8% na faixa de 26 a 35 anos; 29% dos entrevistados entre 36 e 45 anos; 43% de incidência entre os respondentes de 46 a 55 anos; e 19%

entre aqueles acima de 56 anos. Vemos, pois, que a faixa etária compreendida entre 36 e 55 anos representa 72% dos casos, correspondendo a um período da vida produtiva em que a esfera profissional está consolidada e, possivelmente, o cargo ocupado está situado em níveis hierárquicos médios ou altos.

Ora, isso leva a considerar algumas hipóteses para a ocorrência concentrada de assédio moral: a) as reestruturações atingiriam mais fortemente os cargos preenchidos por esse público, elevando o nível interno de competição e violência na luta por esses cargos; b) o assédio moral atingiria mais fortemente pessoas que têm mais tempo de casa ou que têm estabilidade no emprego; c) a degradação das condições de trabalho atingiria os cargos no nível intermediário ou nas camadas mais elevadas das organizações em proporções assustadoramente mais altas. Verificou-se ainda que o fenômeno atinge igualmente o setor privado e a administração pública, mas as taxas de suicídio no setor público aparecem ligeiramente mais elevadas em relação ao setor privado.

No Japão, apesar de o assédio moral ser um fenômeno bastante antigo, lá chamado *ijime*, seu estudo é muito incipiente e diz respeito não apenas às perversidades e humilhações que crianças sofrem nas escolas, mas também é um termo usado para descrever as pressões que um grupo exerce sobre um indivíduo, notadamente um recém-admitido na empresa. O *ijime* é visto como algo necessário para que o indivíduo se adapte e se integre ao grupo. Essa realidade é um prosseguimento dos processos de socialização efetuados pelas famílias e pelas escolas, pois o *ijime* é considerado parte dos rituais de iniciação e de passagem ao longo das fases da vida do indivíduo e que ocorre em diferentes locais como a família, a escola e o trabalho, podendo assumir formas gradativamente mais violentas. Em virtude da elevação dos níveis de suicídios entre crianças e do nível de abandono das escolas, o Ministério da Educação japonês, em 1995, resolveu fazer investigações mais apuradas das causas e, apesar de o *ijime* ser considerado um mecanismo de controle social, começam a surgir os primeiros debates a seu respeito, mas ainda parece longe de alcançar os avanços testemunhados em países europeus.

Surgiu, em 1976, nos Estados Unidos, um livro intitulado *The harassed worker* [*O trabalhador assediado*], de B. Carroll, para quem o assédio consiste em ataques repetidos e voluntários de uma pessoa em relação a outra, com intuito de atormentá-la, miná-la, provocá-la a ponto de ter a sua saúde afetada. Verificamos que essa definição é compatível com as existentes em outros países, contudo, o tema parece que não tem suscitado debate mais profundo. A cultura norte-americana valoriza bastante as iniciativas individuais e o esforço duro para se conseguir um objetivo, mas também prima pelo respeito às leis e à garantia dos direitos dos indivíduos, o que leva a supor que se o debate sobre o assédio moral lá não ganhou grande destaque ou maior repercussão é porque possivelmente essas práticas são interpretadas de outra maneira ou, ainda, que o seu tratamento pode estar contemplado em leis mais amplas.

No Brasil, o primeiro artigo acadêmico sobre o assédio moral nas organizações data de 2001, escrito por Freitas, que já havia escrito sobre assédio sexual em 1996. A autora busca contextualizar esses fenômenos no universo organizacional e caracterizar essas práticas muitas vezes tratadas como naturais, atemporais ou, ainda, como produto da cultura brasileira. O artigo de 2001 divulga o primeiro livro de Hirigoyen no Brasil. Em trabalhos mais recentes, Freitas (2005; 2006; 2007a; 2007b; 2007c) discute o modelo de gestão contemporânea e questiona as responsabilidades organizacionais na construção de um ambiente de trabalho mais saudável, bem como avalia os níveis de prejuízos causados pelo assédio moral. Nesses artigos, a autora defende que, muito além de uma prática que se situa na esfera dos relacionamentos individuais, o assédio moral é uma prática que penaliza também as organizações e as sociedades, devendo ser objeto de uma ação mais ampla e contundente do que aquela que limita essa infelicidade às desordens comportamentais de indivíduos perversos.

Dois outros autores brasileiros têm travado uma luta incansável e desempenhado papel fundamental na discussão, na luta pela criminalização e no combate ao assédio moral. Trata-se de Heloani (2003; 2004; 2006) e Barreto (2000 e 2005) que, ultrapassando os limites da academia e dos debates sindicais, ampliaram sua arena de discussão, com a construção de um site (www.assediomoral.org.br), com um nível de informações compatível com o que se vê nos melhores sites europeus dedicados ao assunto e que já caminha para a marca de meio milhão de acessos.

Aos poucos, vemos surgir publicações oriundas da produção nos cursos de pós-graduação no Brasil, com uma elevação do número de dissertações de mestrado e teses de doutorado em diferentes áreas do conhecimento, que têm no assédio moral o grande objeto da investigação e que demonstra o caráter interdisciplinar desse tema. Uma amostra desse interesse de pesquisa pode ser vista nos trabalhos de Aguiar (2003), Martiningo Filho (2007) e C. Almeida (2007), em administração; Leite (2006) e Sesso (2005), no direito; e Soboll (2006), na medicina. Também merece destaque a cobertura que a imprensa popular tem dado a esse assunto, o que contribui para a sua disseminação e para a cobrança por leis e ações mais rigorosas. Consideramos que informações é o melhor e mais eficaz antídoto para o combate e a prevenção dessas perversidades.

OS MÉTODOS DE ASSÉDIO

Dissemos antes que, exceto para Adams e Bray (1992), todos os demais pesquisadores consideram que o assédio moral pode ocorrer em diferentes direções, ou seja, de chefes a subordinados, de subordinados a chefes e entre pares. As manifestações podem ser as mais diversas e assumir características que permitem a sua classificação, como fez Hirigoyen (2001, p. 108-109), usando quatro grandes categorias. Concordamos com a distribuição feita pela autora e reproduziremos aqui os tipos de maus-tratos por ela identificados e catalogados. Ressaltamos que esses comportamentos, repetitivos e freqüentes, podem ser justapostos, portanto, o agressor pode lançar mão de diversos tipos simultaneamente, o que torna o ataque muito mais poderoso e rápido no seu intento de destruir o outro.

1. Deterioração proposital das condições de trabalho

Retirar da vítima a sua autonomia; não lhe transmitir as informações úteis para a realização de tarefas; contestar sistematicamente as suas decisões; criticar seu trabalho de forma injusta ou exagerada; privá-la do acesso aos instrumentos de trabalho: telefone, fax, computador; retirar-lhe o trabalho que normalmente lhe compete; dar-lhe permanentemente novas tarefas; atribuir-lhe sistematicamente tarefas inferiores às suas competências; atribuir-lhe sistematicamente tarefas superiores às suas competências; pressioná-la para que não faça valer os seus direitos (férias, horários, prêmios); agir de modo a impedir que obtenha promoção; atribuir à vítima, contra a vontade dela, trabalhos perigosos; atribuir à vítima tarefas incompatíveis com sua saúde; causar danos em seu local de trabalho; dar-lhe deliberadamente instruções impossíveis de executar; não levar em conta recomendações de ordem médica indicadas pelo médico do trabalho e induzir a vítima ao erro.

2. Isolamento e recusa de comunicação

A vítima é interrompida constantemente; superiores hierárquicos ou colegas não dialogam com ela; a comunicação é feita unicamente por escrito; recusam todo contato com ela, mesmo o visual; ela é posta separada dos outros; ignoram a sua presença, dirigindo-se apenas aos outros; proíbem os colegas de lhe falar; já não a deixam falar com ninguém e a direção recusa qualquer pedido de entrevista.

3. Atentado contra a dignidade

Utilizam insinuações desdenhosas para qualificá-la; fazem gestos de desprezo diante dela (suspiros, olhares desdenhosos, levantar de ombros); é desacreditada diante dos colegas, superiores ou subordinados; espalham rumores a seu respeito atribuindo-lhe problemas psicológicos (dizem que é doente mental); zombam de suas deficiências físicas ou de seu aspecto físico; é imitada ou caricaturada; criticam a sua vida privada; zombam de suas origens ou de sua nacionalidade; implicam com as suas crenças religiosas ou convicções políticas; atribuem-lhe tarefas humilhantes; é injuriada com termos obscenos ou degradantes.

4. Violência verbal, física ou sexual

Ameaças de violência física; agridem a vítima fisicamente – mesmo que de leve, é empurrada, fecham-lhe a porta na cara –; falam com ela aos gritos; invadem a sua privacidade com ligações telefônicas ou cartas; seguem-na na rua, é espionada diante do domicílio; fazem estragos em seu automóvel; é assediada ou agredida sexualmente (gestos ou propostas); não levam em conta seus problemas de saúde.

A respeito dos diferentes tipos de assédio, os estudos de Hirigoyen (2001) indicaram que em 58% dos casos o assédio vem da hierarquia (chefe para subordinado), em 29% dos casos ele vem tanto de chefes como de colegas, em 12% acontece entre colegas e somente em 1% dos casos é o subordinado que assedia o chefe. Esses mesmos estudos revelam que de 36% das pessoas que se disseram assediadas, saíram da organização: em 20% dos casos, as pessoas foram demitidas por falha; em 9% dos casos, elas negociaram a demissão; em 7% das ocorrências, a demissão foi pedida pela vítima; e em 1% a pessoa foi colocada em pré-aposentadoria. Vemos que à violência sofrida pelo assédio se junta a da demissão forçada ou sumária, o que contribui para que o estado de saúde da vítima seja ainda mais penalizado e dificulte a busca por um novo emprego, porém, todos esses impactos serão detalhados adiante.

capítulo 3

O assédio moral como um problema organizacional

Dissemos que a nova organização do trabalho, na medida em que se fundamenta exclusivamente no aspecto econômico, quebra as relações e os contratos de trabalho, legitima a competição acirrada em todos os níveis, individualiza as culpas e os prejuízos pelo não atendimento de metas descabidas, torna facilmente a empresa em uma pessoa jurídica nômade sem responsabilidades locais, eleva o ritmo e a flexibilidade do trabalho, coloca a guerra econômica como o álibi para justificar a sobrevivência da empresa a qualquer custo e gera um ambiente de trabalho em que a violência começa a fazer morada permanente. Mais do que isso, essa nova organização do trabalho faz parecer que os que têm um emprego devem se submeter à degradação do clima de trabalho sem pestanejar, visto que eles são privilegiados; ter um emprego passa a ser motivo para ser chantageado com a ameaça do desemprego.

Ora, aceitar a violência como algo normal é torná-la ainda mais violenta. Ao aceitarmos a violência como natural, ela cria vida própria e já não causa repulsa, pois nos tornamos insensíveis a ela e aos seus efeitos, tornando o mundo social insignificante para a nossa vida. A violência mina a esperança no futuro, desintegra o vínculo social, fortalece o individualismo predador, corrói a cooperação e a confiança, derrota a solidariedade e retira do homem a sua humanidade. No âmbito do trabalho, em particular, a luta pelos empregos e pelo reconhecimento pode favorecer todos os tipos de comportamentos reprováveis, que em escala ampliada podem atingir o comportamento organizacional como um todo em seu convívio com os demais atores: governo, sociedade, consumidores, concorrentes, acionistas e trabalhadores. Será a guerra de todos contra todos.

Ainda que concordemos com o caráter mais amplo da violência existente no contexto das sociedades modernas e como uma possibilidade em parte resultante desses novos processos organizacionais, não podemos nos acomodar na impotência de quem crê que nada pode ser feito em relação a essas questões. Ou que as organizações e as pessoas envolvidas em práticas violentas são meros joguetes do destino cruel imposto pela modernidade e, portanto, devem ter a sua participação minimizada ou serem inocentadas.

A violência não é uma abstração, ela é um processo objetivo entre atores objetivos e deixa conseqüências explícitas, ainda que, no mundo atual, o trabalho esteja se transformando em algo precário e com ritmo intensificado, a banalização da violência pareça não deixar espaço para nenhuma gramática de construção de diálogo, visto que cada um está ocupado com a própria sobrevivência. No entanto, não esqueçamos que as organizações são criadas, geridas e mudadas pelo homem. Elas não são um presente de habitantes de um outro planeta ao qual devemos nos submeter. Em boa medida, o esquecimento do nível de voluntarismo existente no mundo organizacional parece ser bem conveniente, afinal, as organizações definem objetivos e instrumentalizam os meios para atingi-los. É essa a sua lógica.

O que chamamos de qualidade de vida no ambiente de trabalho não é um mero conceito, mas algo que diz respeito às condições objetivas e subjetivas próprias do cotidiano de políticas e práticas organizacionais, fornecidas ou negligenciadas pelo aparato normativo, estrutural e cultural que preside as decisões nas organizações. Toda decisão ou omissão tem impactos em maior ou menor grau, e todos os líderes sabem disso. Não podemos esquecer que o capitalismo funciona com base em dois mecanismos contraditórios e complementares: a competição e a colaboração. Parece que o segundo termo está sendo esquecido. Entendemos que analisar a violência, pelo seu desdobramento de assédio moral, como um problema das organizações, pode abrir espaço para o resgate de um ambiente mais colaborativo, mais honesto e mais saudável para as pessoas e os negócios. O ambiente empresarial precisa de certo nível de credibilidade para fazer vigorar os seus planos, seus acordos, suas alianças, despertar a fidelidade de seus consumidores e a dedicação de todos os seus membros, caso contrário, esse ambiente vai aos poucos se tornando mortífero e atentará contra os seus próprios interesses mais caros. Além do mais, nenhuma organização, particularmente empresa, pode prescindir de legitimação social.

Entendemos que é preciso ter em mente que o assédio moral é em si um problema organizacional simplesmente porque ocorre dentro do ambiente de trabalho, entre pessoas que são parte da estrutura organizacional. O assédio moral detém prerrogativas a partir de papéis organizacionais e encontra respaldo em questões ou aspirações organizacionais, o que torna a empresa co-responsável ou não isenta pelos atos culposos ou dolosos que ocorrem em seu interior. Explicitando aqui o conceito de que, para nós, *o assédio moral é uma conduta abusiva, intencional, freqüente e repetida, que ocorre no ambiente de trabalho e que visa diminuir, humilhar, vexar, constranger, desqualificar e demolir psiquicamente um indivíduo ou um grupo, degradando as suas condições de trabalho, atingindo a sua dignidade e colocando em risco a sua integridade pessoal e profissional.*

Neste capítulo, apresentaremos duas idéias-força: a) a de que as organizações são palcos onde essas ações ocorrem, e elas podem proporcionar condições que estimulam, coíbem ou eliminam esse problema; b) os prejuízos decorrentes da ocorrência de assédio moral no trabalho dizem respeito simultaneamente ao indivíduo, à organização e à sociedade, cuja conta é alta e de contabilidade complexa.

AS ORGANIZAÇÕES COMO PALCOS

Toda organização define, explícita ou implicitamente por meio de sua cultura, determinadas estruturas, padrões de relações interpessoais e intergrupais e níveis de intimidade entre as pessoas que nela trabalham, bem como o que é considerado importante e valorizado por ela; constrói ainda as condições e o ambiente em que o trabalho deve ser feito e os graus de autoridade, autonomia e de responsabilidade dos envolvidos. Quando consideramos o assédio moral uma questão organizacional, entendemos que algumas empresas negligenciem os aspectos desencadeadores desse fenômeno, ou seja, consideramos que o assédio moral ocorra não porque os dirigentes o desejem, mas porque eles se omitem.

Na vida organizacional, fazemos muitas interpretações e leituras da realidade, do que é possível, do que é certo, do que é desejável, do que é necessário. Os limites dessas interpretações são geralmente estipulados ou guiados pelas regras, pelas normas, pelos regulamentos e também por nossas consciências; a ausência de limites nos sugere que a fronteira é subjetiva e flexível ou que podemos empurrá-la um pouquinho para lá se isso for conveniente ao nosso objetivo, ou ainda se o único julgamento de nossa ação é o resultado prático atingido. Ademais, quando os interesses estão em jogo e as regras não são claras, o espaço de manobra para ações reprováveis pode aumentar consideravelmente se não há nenhum tipo de resistência a essa expansão. Nas organizações, as pessoas se pautam mais pelo aspecto legal que pelo moral, porém, a convivência social prolongada não pode subsistir sem que a instância moral também exerça a sua parte no controle de comportamentos e de atitudes dos indivíduos.

Sabemos que não existem organizações perfeitas e que sua dinâmica cria interações múltiplas, algumas mais previsíveis que outras, mais desejáveis que outras. É da natureza das organizações a busca por um comportamento controlado de pessoas e de grupos, sendo que algumas condições internas, próprias da definição, retradução e controle da organização do trabalho, favorecem ou dificultam interações mais saudáveis e produtivas. Acreditamos que o assédio moral ocorre porque encontra um terreno fértil e tende a se cristalizar como uma prática porque os seus autores não encontram maiores resistências organizacionais ou reprovações nem nas regras, nem na autoridade, nem na filosofia, nem na cultura da organização, ou seja, não existe aos seus olhos uma instância interditora e punitiva para essas ocorrências perversas. A impunidade potencializa todos os tipos de desvio e serve como justificativa para a sua reprodução, afinal, "se ele pode, por que eu não?".

Analisando as organizações como palcos de interpretações e de ações de indivíduos e de grupos, é possível explicitar algumas dessas condições e situações organizacionais que facilitam a emergência de comportamentos violentos, abusivos e humilhantes. Ambientes em que vigoram uma cultura e um clima organizacionais permissivos tornam o relacionamento entre os indivíduos desrespeitoso e estimula a complacência e a conivência com o erro, o insulto e o abuso intencionais. Rituais degradantes e ofensivos podem ser desenvolvidos e justificados para punir os profissionais que não atingem as suas metas ou aqueles que têm a sua admissão ou permanência protegida legalmente (portadores de necessidades especiais, gestantes, acidentados em reinserção, estrangeiros etc.). A criatividade mórbida e repetitiva sugere que essas organizações são sádicas, estimulando rituais que podem assumir diferentes formas: o funcionário "pagar" com exercícios de flexões de braço enquanto é xingado pelos colegas, ser obrigado a vestir-se e a maquiar-se como uma mulher, usar camisetas com dizeres ofensivos, fazer coreografias vexatórias e com gestos obscenos, aceitar ser chicoteado ou ganhar um chicote de presente do chefe, ser açoitado enquanto escuta mensagens ofensivas e cruéis etc. Em algumas organizações, esses rituais são considerados eventos "normais" da tradição gerencial, que é defendida inocentemente por seus praticantes e seus superiores, como se fossem mero jogo consentido entre adultos vacinados e não como uma prática de assédio moral institucionalizada.

Um ambiente em que existe uma competição exacerbada, onde tudo é justificado em nome da guerra para sobreviver, gera um álibi permanente para que exceções sejam transformadas em regras gerais e comportamentos degradantes sejam considerados normais, pois competitividade passa a ser sinônimo de competição cruel e a qualquer preço. Ainda, a supervalorização de hierarquias, em que os chefes são seres intocáveis e inquestionáveis, torna o comportamento decente e democrático uma falha ou uma debilidade diante da tirania desses semideuses, que se refestelam na impunidade.

Reestruturações feitas sem planejamento em relação às pessoas e aos cargos afetados, sem transparência e sem critérios claros de avaliação e negociação de demissões, geram rancor, revanche, ressentimento e luto, que podem se manifestar de forma violenta. O mesmo pode ser dito em relação aos casos de fusões, aquisições e parcerias em que algumas funções executivas e de coordenação podem ser duplicadas e para as quais não foram negociadas as saídas, as transferências ou a reconversão desses profissionais afetados. Terceirizações podem gerar conflitos entre os funcionários efetivos e os prestadores de serviços, criando um ambiente de primeira e segunda classe para algumas categorias, o que estimula humilhações e degradações; serviços altamente rotineiros, como os desenvolvidos em telemarketing e *call centers*, empobrecem as relações sociais de trabalho, isolam os indivíduos e os robotizam, tornando-os presas fáceis e alvos de ofensas, tanto dos chefes quanto de clientes insatisfeitos e impotentes.

Expatriações feitas de forma descuidada colocam os profissionais em situações de risco pessoal e profissional, que podem ser ilustradas na transformação desses profissionais em alvo de boicotes e represálias, caso a unidade que os receba não tenha sido devidamente envolvida na decisão. Igualmente graves são os casos de repatriação de profissionais sem planejamento e sem integrar na carreira a experiência adquirida por eles. Muitas empresas negligenciam os efeitos práticos da inveja e do desdém por parte dos colegas que ficaram na unidade de origem e sentem-se preteridos; não raro as empresas perdem em pouco tempo um profissional altamente capacitado em virtude do ambiente desestimulante e hostil.

Na entrada de novos membros na organização é particularmente vulnerável a situação daqueles que são mais qualificados que as gerências dos setores que os recebem, podendo ocorrer revides dos mais antigos por sentirem-se ameaçados por esses jovens entrantes com maiores conhecimentos formais. Essa vulnerabilidade tem sido percebida inclusive em situações de inacreditáveis abusos, como em programas de estágios e de preparação de *trainees*. Mais que resquícios de uma sociedade e de uma organização autoritárias, alguns desses procedimentos desumanos são considerados "inerentes" ao mundo competitivo e são legitimados por uma pseudocientificidade de práticas de recursos humanos, que encontram respaldo no sadismo de algumas pessoas em cargos nos altos escalões das organizações, especialmente em grandes empresas. Aqui a complacência é o alimento, e o aplauso, cúmplice. Em alguns casos, a diversão perversa provoca o riso fácil de facínoras organizacionais, que não exibem a menor culpa por destruir a vida de alguém tão indefeso como um estagiário ou um *trainee*, na sua estréia profissional aos 20 anos de idade. Consideramos esse um verdadeiro crime contra o futuro perpetrado por organizações em que se cultivam a indiferença, a insensibilidade e o desrespeito ao outro.

Nesses casos, a área de recursos humanos, se está mais preocupada com a sua própria sobrevivência e em mostrar serviços aplicando a última moda de pacote *prêt-à-porter*, pode se omitir e deixar em aberto o caminho para que situações degradantes se repitam e se incorporem à cultura da organização. O setor que deve ser o guardião de alguns princípios básicos da boa convivência organizacional pode ser o primeiro a exibir a dolosa política de avestruz ou mesmo participar ativamente do processo.

OS PREJUÍZOS E AS CONTAS

O assédio moral tem sido estudado basicamente como uma questão individual, na qual alguém submete o outro e o infelicita, levando-o a desenvolver problemas de saúde ou a perder o emprego. É certo que esse é o ponto de partida do fato quando ele já surge materializado e culmina em uma causa médica ou jurídica; ou seja, a sua construção como um processo contínuo é freqüentemente ignorada. Entretanto, acreditamos que as nefastas conseqüências do assédio moral no ambiente de trabalho são ainda mais amplas, mais graves e mais complexas. Advogamos que o assédio moral no trabalho é, ao mesmo tempo, um fenômeno que diz respeito à esfera individual, organizacional e social, sendo os seus impactos e prejuízos arcados ou imputados em diferentes graus sobrepostos. Vejamos como ele se manifesta em cada esfera:

a) no nível individual, que será tratado detalhadamente nos próximos capítulos, é a vida psicossocial do sujeito, que, acometido por esse fenômeno, tem atingidas a sua personalidade, a sua identidade e a sua auto-estima. Diversos estudos demonstram que o assédio gera desordens na vida psíquica, social, profissional, familiar e afetiva do indivíduo, provocando muitos problemas de saúde que podem desestabilizar a sua vida. Essas desordens reduzem a capacidade de concentração do indivíduo, induzem-no ao erro e colocam em risco tanto o seu emprego como a sua vida. Pesquisas européias e brasileiras, conforme será analisado adiante, trazem uma conta assustadora de problemas relacionados à depressão, aos pensamentos autodestrutivos e às tentativas de suicídio entre as vítimas desse tipo de violência. O afastamento do trabalho, a perda do emprego, o sentimento de nulidade e de injustiça, a descrença e a apatia podem ter efeitos colaterais assinados pelo alcoolismo e pelas drogas, gerando um círculo vicioso difícil de ser rompido;

b) no nível organizacional são vários os efeitos nocivos, entre eles: o afastamento de pessoal por doenças e acidentes de trabalho, a elevação de absenteísmo e o *turn-over* (rotatividade) com custos de reposição, a perda de equipamentos pela desconcentração, a queda de produtividade diante do moral do grupo e a qualidade do clima de trabalho, os custos judiciais quando das indenizações, o reforço ao comportamento negativo dos indivíduos diante da impunidade, os custos de imagem tanto para os clientes internos quanto externos expostos pela mídia, a desmotivação interna por contágio e enfraquecimento da adesão ao projeto organizacional, a redução da atratividade de talentos no mercado em virtude da exposição negativa do nome da organização e mesmo a eventual redução do valor da marca;

c) o nível social tem sido praticamente ignorado, porém, todos numa sociedade têm um preço a pagar quando se massacram indivíduos pela prática de assédio. Ora, diz respeito a todos nós: acidentes de trabalho e incapacitação precoce de profissionais, aumento de despesas médicas e de benefícios previdenciários (licenças, hospitalizações, remédios subsidiados, longos tratamentos médicos), suicídios, aposentadorias precoces, desestruturação familiar e social das vítimas, perda do investimento social feito em educação e formação profissional, custo do potencial produtivo do profissional afastado por invalidez ou redução do seu potencial empregatício. Sempre que um profissional capaz torna-se incapaz, todos os indivíduos dessa sociedade pagam a conta. Às questões de natureza médica e trabalhista juntam-se outras relacionadas aos custos dos processos judiciais e à sobrecarga do nosso já combalido sistema judiciário com causas que poderiam ter sido evitadas ou ser solucionadas na esfera organizacional. Podemos também pensar que existe um custo econômico dessas ações, que será repassado aos preços e que será cobrado de forma indiscriminada dos consumidores dessa organização, visto que as empresas não têm o hábito de sacrificar margens de lucro para acomodar seus custos jurídicos ou financeiros.

As organizações mudam e revigoram-se modificando suas estruturas, suas estratégias e redefinindo os seus valores. Qualquer mudança, todavia, carece ser assumida mediante o reconhecimento da existência de fatores que não são desejáveis naquele ambiente. São, pois, necessárias a coragem e a vontade política das chefias, até mesmo no primeiro escalão, para reconhecer a ocorrência do assédio moral, ou seja, admitir que isso pode acontecer não apenas aos vizinhos ou aos concorrentes. Isso reconhecido, a organização deve mostrar disposição em apurar, coibir, punir os responsáveis sem exceções, o que implica criar instrumentos de controle e assumir explicitamente que não existem pessoas intocáveis quando se trata de melhorar o comportamento organizacional e as condições do ambiente de trabalho.

Ora, quando uma organização diz em alto e bom tom a sua posição sobre esse tema e age de acordo com o preceito, ela dá mostras de que as pessoas podem confiar que serão tratadas de forma igual como seres humanos que merecem respeito, independentemente do cargo que ocupam. As palavras precisam ser seguidas de instrumentos confiáveis, criados para a denúncia e a apuração dos fatos, bem como é necessário que as pessoas envolvidas para zelar por essa atividade sejam consideradas legítimas e imparciais aos olhos dos membros da organização. De pouco vale um sistema que apure práticas de assédio e as deixe sem respostas exemplares ou que esses mecanismos sejam operados por pessoas que não privam de credibilidade junto aos indivíduos e grupos da organização. Nesse, como em outros casos do comportamento organizacional, a experiência passada valida a seriedade e explicita a justiça com que as questões delicadas são tratadas.

Não queremos dizer que essas medidas sejam fáceis de ser implantadas e também que elas possam ser executadas sem causar problemas a alguns membros organizacionais que se consideram acima de todos os demais. Pelo contrário, acreditamos que é difícil, aliás muito difícil, tomar um outro caminho quando o da impunidade e o do descaso já estão consolidados, mas acreditamos também que as organizações, zelando pelos seus legítimos interesses, podem construir ou reconstruir uma mentalidade organizacional em que se tenha claro que *todos perdem* quando ocorre o assédio. É importante conscientizar a todos sobre o fato de que o assédio moral é algo devastador na vida de um indivíduo, que ele diz respeito a todos nós e que os algozes dos raptos psíquicos nas organizações devem e podem ser punidos sem complacência. Ao fechar os olhos a essa questão, a organização endossa um comportamento que fere o mais sagrado de todos os nossos direitos: o de sermos tratados como ser humano. Esse argumento deveria ser o bastante, porém, o assédio moral é – além de uma questão moral – uma questão econômica e um crime, que deve ser punido exemplarmente. A informação é o seu antídoto mais eficaz e pode ser acessível a todos na organização. Esse é mais um dos casos em que informação pode valer a vida.

capítulo 4

Os impactos do assédio moral nos indivíduos

Apesar de a violência no trabalho ter sido analisada e denunciada há mais de um século por Karl Marx, somente nas duas últimas décadas tem atraído a atenção de filósofos, cientistas, médicos e demais envolvidos com a área da saúde e do trabalho. Isso se deve, certamente, ao aumento de casos relatados em clínicas, consultórios, aos impactos na saúde mental, assim como aos riscos que possam trazer à produção e à reprodução do capital.

São poucos os autores que estudam a violência no âmbito social e em sua processualidade histórica. Existem críticas quanto à inexistência de um conceito específico, o que permitiria comparar estimativas de prevalência da violência em diferentes estudos e lugares (Minayo, 2003; Sawaia, 2004; Costa, 2003; Camino, 2004; Almeida e Almeida, 2004). São preocupações enfocadas nas dificuldades em pensar ações preventivas e intervenção apropriada na medida em que não se aprofunda o conhecimento da gênese da violência praticada e vivenciada nos diferentes espaços sociais.

Contudo, o que chama a atenção atualmente é o crescimento de forte tendência em associar as causas da violência aos fatores biológicos, à concepções religiosas, à doença mental, às questões genéticas, à hereditariedade, aos problemas de personalidade e até mesmo à crise de identidade em sua dimensão individual e descontextualizada do social. Em diversos campos do saber, a discussão está centrada, de alguma forma, na violência que nos ameaça, suas causas e nossos temores. Querem controlá-la e justificá-la.

Sabemos que a violência é única, com múltiplas e variadas faces, constituindo um fenômeno complexo. Hoje, o tema transformou-se no *zeigeist* de nossos dias em todo o país. Assim, estamos convencidos de que teorias que focalizam a discussão unicamente nas questões biológicas mostram-se de pouca utilidade para compreendermos a dimensão da violência psicológica e o assédio moral no local de trabalho, e/ou até mesmo para pensarmos medidas preventivas no ambiente de trabalho.

A discussão desse tema continua e continuará sendo necessária. Não se trata de minudências; acontece que há um uso abusivo e desmesurado do termo "assédio moral", evocado para qualquer evento desagradável que ocorra nas dependências das organizações.

A VIOLÊNCIA SUTIL: AJUSTES CONCEITUAIS

A violência é humana e social e, como tal, tem direção, intenção e armadilhas peculiares, que dependem dos objetivos manifestos ou não (dominação de classe, interclasse, relação de gênero, sujeição, manipulação, entre outros) e de como se concretizará. Ela constitui fenômeno complexo que desestabiliza e devasta a vida daquele que a sofre, impondo uma nova ordem ao que estava acertado. Portanto, a violência é uma ação contrária que desautoriza e exclui o estabelecido, criando novas normas e valores.

Como elementos mais comuns da violência no local de trabalho, encontramos a relação hierarquizada e assimétrica; a habitualidade enquanto persistência de um padrão de comportamento e atitudes cotidianas e reiteradas; a intencionalidade em forçar o desaparecimento ou desligamento do outro por meio do pedido de demissão ou sujeitamento e obediência; a temporalidade do evento que dá início aos atos que se fazem constantes e repetitíveis no espaço e que vão compondo a ordem dos acontecimentos.

O caráter humano das organizações está centrado nas relações afetivas enquanto espaços de poder; nas redes de intenso controle e sanções, que estabelecidas ampliam a vigilância em todos os espaços da produção, setorizando ou regionalizando o ambiente de trabalho segundo as necessidades e os interesses da alta administração. O que prevalece são as normas, os códigos e os regulamentos que moldam um padrão de comportamento moral importante à organização. Aqueles que fogem às regras sofrem variadas sanções. A oscilação no uso de sanções e punições assume o modo direto ou indireto, a forma explícita ou sutil, desvendando o poder quase total da organização, cujos tentáculos controlam até mesmo a intimidade dos trabalhadores.

Autores nacionais e contemporâneos, especialmente da área da saúde pública, psicólogos sociais, psicanalistas e sociólogos (Minayo, 2003; Sawaia, 2004; Costa, 2003; Camino, 2004; Almeida e Almeida, 2004; Safiotti, 2004), reforçam em suas análises a necessidade de refletirmos a violência em sua transversalidade e indissociabilidade com o contexto social bem como a historicidade dos fenômenos e a subjetividade.

Para a Organização Mundial de Saúde (OMS) e a Organização Pan-Americana de Saúde (Opas), a violência tem uma dimensão geracional, em que uma prole aprende com a geração anterior a ser violenta, reproduzindo e possibilitando sua permanência em sociedade. No entanto, reconhecem que as pessoas não nascem violentas, mas que existem razões para que se tornem violentas.

Ainda hoje existem estudiosos que relacionam a violência aos desvios de personalidade dos indivíduos e aos impulsos que se auto-realizam como forma de encontrar sua identidade em presença do outro. Para o psicanalista Karl Menninger (1970), há em todos nós uma intensa propensão para a autodestruição, favorecida por uma forte identificação com o agressor, devido à perda da própria estima, do sentido e significado do viver. Segundo esse autor, os fatos por si só desencadeariam alterações no comportamento, transtornos mentais, sofrimento psíquico e suicídio em pessoas predispostas e sensíveis. Nesse modo de ordenar os fatos, a crença na culpa daquele que foi assediado fortalece-se em detrimento da análise das condições de trabalho a que a vítima está submetida. Isso ocorre mesmo entre alguns autores que falam em crise de identidade e em transtornos da personalidade.

Desse modo, as causas atuais da crise de identidade devem ser compreendidas e procuradas nos marcos do desenvolvimento e das transformações sociais, no processo histórico da vida humana e no contexto material das relações sociais concretas que se estabelecem entre os indivíduos. É aqui que se constitui e é constituído o indivíduo singular. Assim, é no processo organizativo da vida e do trabalho, em um cenário cada vez mais racionalmente fragmentado, decomposto, controlado e vigiado, que encontraremos as causas e os fatores responsáveis pelos conflitos e pelas crises, pela alteração de comportamentos e pelos transtornos à saúde.

Qualquer validade dada aos conceitos de irracionalidade, sensibilidade acentuada, personalidade atípica e doentia, agressão inata, natureza psíquica e tantos outros serve para alimentar a crença de que os únicos responsáveis pelo assédio praticado e vivido são os próprios trabalhadores, omitindo-se as causalidades centradas nas transformações e novas formas de organizar o trabalho e a sociedade.

Poder-se-ia dizer, sem receio de cometer erros, que a eficiência do capitalismo no estágio atual de seu desenvolvimento é conseqüência do aumento e da intensificação da exploração da força de trabalho em seu grau máximo. Dito de outra forma, as empresas, "oxigenando" o ambiente de trabalho com "sangue novo", por meio de demissões dos mais velhos e admissão, a baixo custo, de jovens estagiários que, na esperança de um dia fazerem parte do quadro de trabalhadores, dão o máximo de si, chegando próximo do limite de suas potencialidades. Além da superexploração imposta, a produção recebe ordens para intensificar o ritmo, aumentar as responsabilidades dos trabalhadores, sobrecarregando-os de afazeres. E todos têm seus direitos e salários flexibilizados. O investimento em novas tecnologias justifica as demissões massivas, a terceirização dos riscos ambientais e serviços considerados "custosos". Por exemplo, a manutenção, limpeza, alimentação, saúde e área jurídica.

Em contexto de mudanças, proliferam teorias e conceitos, que de forma sedutora explicam e creditam às reações individuais e às conseqüências à saúde dos trabalhadores os traços da personalidade e herança genética. Assim, o sofrimento imposto ocupa um lugar obscuro e secundário na medida em que as causas que envolvem o ato ficam subsumidas em um espaço confuso e "inquestionável". Resta a responsabilidade dos atos, que com certa freqüência é creditada aos que foram assediados. Nada mais incorreto, pois "o sofrimento é a dor mediada pelas injustiças sociais" (Sawaia, 2004) e a dor referida por aqueles que a sofrem corresponde ao vivido, pois o real não pode ser inventado.

Podemos assumir que em cada momento histórico a violência é renovada e revigorada, apresentando-se com nova roupagem. Então, o que mudou? Se no passado a violência era explícita, direta e visível, tendo como norma perseguir os heréticos, hoje, a violência no trabalho é sutil, ardilosa, por vezes indireta, sedutora e poderosa. As sutilezas se relacionam com o novo ciclo de desenvolvimento capitalista, no qual os métodos de oprimir, expropriar, disciplinar e dominar, foram (e são) atualizados, alimentados e reconfigurados cotidianamente.

ASSÉDIO MORAL E VIOLÊNCIA PSICOLÓGICA: APROXIMAÇÕES E DIFERENÇAS

Passemos ao assédio moral no trabalho, compreendendo-o como uma das facetas de um fenômeno mais amplo, isto é, a violência genérica. Como definimos anteriormente, trata-se de uma conduta abusiva e intencional, freqüente e repetida, que ocorre no ambiente de trabalho e que visa diminuir, humilhar, vexar, constranger, desqualificar e demolir psiquicamente um indivíduo ou um grupo, degradando as suas condições de trabalho, atingindo a sua dignidade e colocando em risco a sua integridade pessoal e profissional.

Por ser um processo, a eficácia do assédio moral deriva da estratégia utilizada, da manipulação das emoções dos trabalhadores, da solidão imposta, do silêncio coletivo e da baixa apreciação de si próprio. Desse modo, há um forte núcleo afetivo que alimenta e retroalimenta o processo. Emoções como culpa, vergonha, medo, solidão, mágoas e raiva favorecem o desencadeamento de valores antagônicos, produzindo um mundo invertido, no qual amor e ódio, humilhação e vergonha, culpa e medo, solidão e intolerância sustentam as discriminações e o isolamento, mudando os sentidos e os valores da vida e de si mesmo. Separado do seu destino de trabalhador, este transforma o campo do real em imaginação, em idéias inadequadas, em pensamentos recorrentes que perpassam o sofrimento, como se nada lhe restasse, exceto a vergonha por ter fracassado.

Em todos os casos de assédio moral encontraremos histórias de sofrimento, relações hierárquicas assimétricas, falta de transparência e de diálogo, uso abusivo do poder, ameaças recorrentes e sistemáticas, discriminações e intolerância que põem em risco as condições de segurança, a saúde e o emprego (Hirigoyen, 2002; Barreto, 2000). Não obstante, a aparência de hostilidade, a intencionalidade do assédio é a destruição do outro, pela via da demissão imposta como "voluntária", pela transferência de setor ou de cidade. Qualquer que seja a tática utilizada, e se esta não se mostrar eficaz, as vítimas são ainda mortificadas com tarefas inúteis, como copiar uma lista telefônica em letra de forma ou limpar fechaduras enferrujadas. O que interessa é, pois, dobrar a vontade do outro (Scialpi, 2004) impondo sujeição e harmonia. Entretanto, nem toda a prática do assédio é explícita e direta, podendo adquirir aspectos sutis, indiretos ou disfarçados em cuidados com o outro, como se fosse uma manifestação positiva do afeto.

Encontraremos como elementos constitutivos das histórias de assédio moral:

Temporalidade: há sempre um evento que desencadeia e ancora o processo.

Intencionalidade: o assédio visa forçar o outro a desistir do emprego, mudar de setor, de empresa, sujeitar-se, calar-se, ser dominado.

Direcionalidade: constituída pelo lado subjetivo que pertence tanto ao âmbito individual como coletivo – permeado por dúvidas como: "por que eu, por que faz, o que fiz. Ele não presta, traz prejuízos à organização, incomoda, desestabiliza o grupo; é um mau exemplo para o coletivo, dificulta alcançarmos a meta etc.".

Repetitividade e habitualidade: ocorrem várias vezes durante a jornada variadas táticas com o mesmo fim, ou seja, forçar a vítima a desistir do emprego ou pedir transferência de setor ou sujeitar-se sem reclamar.

Limites geográficos ou territorialidade: ocorre no lugar das práticas cotidianas, da reprodução cultural, do domínio das tarefas, dos laços de amizades e identificação; pode ocorrer em determinado setor como administração ou produção, o que possibilita identificar agressores e vítimas.

Degradação deliberada das condições de trabalho: os atos repetitivos perturbam o trabalho do coletivo, expondo todos ao risco; interferem na produtividade, causando problemas à saúde dos que estão expostos; a repetição dos atos degradam as relações laborais e o ambiente de trabalho, colocando em risco a segurança, a saúde, o bem-estar e o desempenho profissional de todo o coletivo.

A soma de atos e fatos vividos pelos indivíduos no ambiente de trabalho cria uma realidade antagônica, com um lado exterior e outro interior. No primeiro, estão contidas as exigências das metas, as relações entre colegas e superiores hierárquicos e a capacidade para adaptar-se às condições de trabalho que lhes são impostas. A segunda, interior, vai refletir a sua realidade psíquica: aquilo que pensa, que vive, que sente, que faz e que sofre. Essa realidade psíquica, estranha ao mundo exterior e que também não se reconhece nele, é deslocada para o inconsciente, fazendo-os sofrer. Esse pode ser suportado por algum tempo até que, finalmente, irrompe a superfície, revelando agravos e danos à saúde. É o que Vygotsky (2001) vai chamar de "fuga para a doença", caracterizando uma posição "diante da realidade", relacionando-a com "alguma vivência afetiva". Certamente, a resistência pode ser transformada em força que libera e potencializa novas formas de enfrentamentos, decompondo a dor em atitude criadora.

Em pesquisa nacional com 10.600 trabalhadores de diversas categorias dos setores público e privado, Barreto (2005) encontra uma situação em que 73% das empresas, nas quais ocorreram práticas de assédio moral, haviam realizado a reestruturação produtiva havia menos de dois anos. Inúmeras dificuldades foram relatadas: a falta de planejamento, as metas constantemente elevadas, o excesso de trabalho e o quadro reduzido de trabalhadores, o que dificulta ou impossibilita o cumprimento das metas estipuladas. Verificou-se que 74% dos entrevistados reconhecem que as mudanças na organização do trabalho são constantes, originando cansaço maior que o habitual, em virtude da necessidade de adequação constante às novas normas e da necessidade de aprendê-las em pouco tempo.

A mesma situação encontramos quanto à existência de informações truncadas, a falta de transparência, objetivos mal definidos, o fato de não se discutir o trabalho em equipe; para 75% dos pesquisados, os gestores são confusos e sem definições, exceto no que diz respeito à preocupação permanente com a produção.

Fica evidente certa anarquia produtiva associada à falta de participação e integração de chefias e subordinados. Para 65% dos trabalhadores entrevistados, há sobrecarga de tarefas, e para 71% deles, o ambiente de trabalho é estressante devido ao pouco tempo para adaptar-se ou descansar; esse fato que os irrita, os desorganiza, interfere e dificulta o desempenho do trabalho, tornando-o cansativo e fatigante.

A prática do assédio moral em nosso país resulta, em 90% das vezes, no estabelecimento de bloqueio ou de impedimentos ao trabalho, que pode ser de forma direta ou indireta, por alguém que ocupa uma posição hierárquica mais elevada, demonstrando a predominância das ações hierarquizadas, descendentes e verticais. Tal abordagem não significa que a prática do assédio moral só ocorre nas formas descendente e vertical. Acontece também entre colegas de trabalho e, mais raramente, do subordinado para o superior hierárquico. Em 6% dos casos de assédio, as ocorrências resultam de uma ação combinada e conjunta de chefes e subordinados contra um trabalhador; somente entre colegas de trabalho, encontramos 2,5% dos casos. Em relação ao ascendente, ou seja, do subordinado para o superior, são casos mais raros e aparecem em 1,5% dos casos.

Para a Agência Européia para a Segurança e a Saúde no Trabalho, existem fatores que possibilitam o desencadeamento do assédio moral no ambiente de trabalho. Para eles, a cultura organizacional tem uma atitude de indiferença nos casos em que ela não interfere ou não reconhece o assédio moral como um problema a ser enfrentado. As mudanças recentes que ocorreram na organização, o clima de emprego inseguro, as relações insatisfatórias entre os superiores hierárquicos e trabalhadores levam a um baixo nível de satisfação entre os trabalhadores, mantendo os conflitos e o clima de descontentamento. Estão associados os altos níveis de exigências e conflitos de papéis, que favorece a presença de níveis elevados de estresse no ambiente de trabalho. A deficiência da política de recursos humanos e a falta de valores comuns seriam também elementos que sustentam a situação de conflito, além das discriminações, da intolerância aos problemas pessoais e do consumo de drogas e bebidas alcoólicas.

Verifica-se que vários fatores estão envolvidos na hostilidade entre colegas, sendo alguns deles: sobrecarga de trabalho e cansaço; medo de perder o emprego; vergonha de ser humilhado; cumplicidade com o chefe; indiferença quanto ao sofrimento; pacto do silêncio; e rompimento ou enfraquecimento dos laços de camaradagem.

O CHEFE QUE ASSISTE ÀS CENAS

Segundo Hirigoyen (2001), quando o assédio é praticado por um superior hierárquico, as conseqüências à saúde dos trabalhadores são mais graves. No Brasil, o fato de ser humilhado e constrangido por um colega tem efeitos tão devastadores quanto o assédio praticado pelos chefes, ainda que entendam os motivos que os companheiros podem ter para agir de tal forma diante da pressão e das exigências.

Qualquer que seja a direção do assédio (descendente, mista, horizontal ou ascendente), o processo é ardiloso, aniquilando psiquicamente e bloqueando a capacidade criadora da vítima, provocando mudanças na compreensão e aceitação de si. O sentimento de ser ultrajado é alimentado e reforçado por novas ofensas de colegas e chefes, que levam à perda do autoconceito, abrangendo a sua dignidade e o seu auto-respeito; esses sentimentos induzem a erros, desestabilizam afetivamente, geram agravos e severas alterações na saúde e podem culminar no suicídio.

Hirigoyen (2002) chama a atenção para os casos em que o assédio moral resulta da ação de várias pessoas, sendo "necessário identificar o agressor principal, que é o iniciador do processo, dos que são conduzidos pelas circunstâncias a ter comportamentos hostis". Embora 70% dos pesquisados reconheçam que ao procurar um superior hierárquico para conversar e falar sobre os atos de violência no setor encontram como resposta "fugir aos questionamentos", 30% deles acreditam que os chefes não têm consciência do que estão fazendo, enquanto 70% presumem que as ações dos chefes seguem ordens superiores, o que não os isentam de saber, ter consciência e ser responsáveis pelos atos praticados.

A atitude de fuga institui um sentimento de decepção, impotência e frustração diante da situação vivida. Ao ignorar o outro como um ser que sente, reflete, tem necessidades e produz, os chefes se identificam como o homem da organização frio e lógico, mas impotente para atuar livremente e, como tal, não passam de servidores e intérpretes, eles próprios submetidos como todos a divindade da organização.

Em razão de a prática do assédio moral estar endemicamente disseminada nas corporações brasileiras como estratégia para se livrar dos indesejáveis e improdutivos, existe uma forte tendência de se responsabilizar as vítimas pelo surgimento desses eventos desagradáveis. No entanto, não se pode dizer que são os trabalhadores que escolhem o ambiente de trabalho para se colocar contra si próprio, contra o trabalho e mesmo contra seus pares.

Passemos aos atos de violência. Nos dados da pesquisa brasileira (Barreto, 2005), as condutas verbais e as atitudes que ameaçam, constrangem e desqualificam, característica da violência psicológica no local de trabalho, resultam em 80% de práticas que revelam o exercício da tirania, em sua nova roupagem, isto é, a violência sutil. Entendemos a violência psicológica como qualquer incidente ou evento, no qual um homem ou mulher torna-se alvo de atos injustos e ilícitos. Caracteriza-se por atos isolados, sem continuação, desordenados e descontínuos e que se explicitam em agressões verbais, coações, constrangimentos, injúrias, maledicências, fofocas, desqualificações, desmoralizações, agressão gestual, ameaças, ofensas, humilhações, discriminações e outros atos que ocorrem de forma pontual.

Um ato único, ou uma seqüência de atos, como no assédio moral, constitui um risco não visível que gera danos à saúde e causa mal-estar, suspendendo todo o processo do pensamento, bloqueando a criatividade, degradando as relações laborais, impedindo a autonomia, retirando a capacidade de decisão, fragmentando as relações e isolando a vítima do convívio coletivo. Tudo isso leva ao aumento do valor do mundo das coisas e à diminuição do valor do mundo humano. É necessário o entendimento de que todo ato violento deve ser repelido vigorosamente, em vez de creditarmos tal ato ao possível transtorno da personalidade do chefe ou do colega do lado. Mesmo quando os atos são isolados, anárquicos e pontuais, desvendam os excessos do exercício do poder, a intensificação da exploração, a sobrecarga de trabalho, a pressão e a opressão para produzir cada vez mais, não importa como ou em que condições. Como pode-se verificar no seguinte depoimento:

> A empresa instituiu um programa de qualidade, chamado de "resto zero". Fizeram medição da quantidade de correspondência que a unidade conseguia entregar. A entrega devia ser, sem sobra, diariamente. Os chefes começaram a cobrar, só que não conseguimos cumprir as metas e com isso o ambiente ficou pesado e estressante. Muitos adoeceram, outros se demitiram ou pediram transferência. Quem ficou está sofrendo (Barreto, 2005).

Distinguimos nesse pequeno relato atos de violência que, expressos em palavras, em meio às exigências e pressão, ferem a dignidade e desencadeiam pensamentos tristes, violando direitos fundamentais. A permanência do sofrimento é conseqüência de uma organização de trabalho injusta. E aqui começa o primeiro combate: romper e ultrapassar o pólo-gêmeo responsável × culpado e que erroneamente é creditado aos que sofrem, quando se afirma que eles deveriam ou poderiam ter evitado tal situação, se cumprissem o exigido.

Ao afirmarmos que os trabalhadores são os responsáveis pela violência que sofrem, estamos invertendo os fatos da vida real, subestimando as condições de trabalho e eliminando os limites materiais impostos pelas relações de poder. Na primeira hipótese, parte-se da idéia do indivíduo "fora da norma", divergente e sensível, em que os sentidos das palavras "carregam" um significado negativo de incapazes. Ressaltamos que devemos procurar as causas de todos os acontecimentos e fatos que ocorrem no espaço da produção, nas mudanças dos modos de produzir e trocar, nas formas de gerir e organizar e não na mente das pessoas. Sem essa cautela, histórias e relações antagônicas desaparecem no quadro das relações materiais existentes, como se os homens não soubessem o que fazem, como fazem ou por que fazem.

Geralmente expostos publicamente a críticas ou a questionamentos, as vítimas são enquadradas no território dos "divergentes", que, olhados com desconfiança, são tratados como "problemáticos" e até mesmo classificados como "encrenqueiros". As fofocas dão início ao mecanismo indireto de disciplina, que culmina em assumir a culpa de sua impertinência e calar-se. Uma nova pergunta sem relação com as primeiras, ou a solicitação de esclarecimentos para realizar uma nova tarefa, pode desencadear tratamentos grosseiros, respostas verbais humilhantes e tratamento como incapazes. Assim concebidas, as relações de poder nas organizações são reservas de autoritarismo e sofrimento, perturbando profundamente a singularidade e a particularidade dos sentidos do trabalho e a saúde dos indivíduos.

A violência psicológica e o assédio moral são conduzidos, reproduzidos e até permitidos pela omissão da organização, em condições de existência objetiva e positiva da vida real. Se os escalões superiores não vêem perigo à produção, tudo continua fascinante e em ordem nas bordas do poder. Mas os atos de violência surgem com freqüência, diante de uma situação de tensão, pressão e opressão inenarráveis, transformando o ambiente de trabalho em um local de temores e horrores. Nessa situação, entram em jogo as questões de vulnerabilidade, que os levam a disputas pessoais estimuladas em premiações ou punições, que favorece a competição dos "quem dá mais", por medo de perderem o emprego ou serem expostos publicamente ao vexame.

Estamos diante de um ambiente de trabalho atravessado por imposições e conflitos, disputas e medos, em que o diálogo inexiste, evoluindo freqüentemente para a naturalização e a reprodução de atos de violência. Nessa situação, quando procuradas a alta hierarquia ou mesmo a ouvidoria para pedir ajuda, a atitude dominante tem sido a fuga, subestimando a importância dos acontecimentos relatados, evitando tomar partido, especialmente em situações em que a produção não compromete as metas. Outras vezes, acreditam que o relatado não é sério o suficiente para merecer imiscuir-se no problema do setor, deixando a resolução para o humilhador. A intervenção do alto escalão só acontece, quando ocorre, se o processo produtivo foi retardado de tal forma que traga conseqüências negativas nos resultados.

Mesmo um olhar superficial não deixará de constatar que, de forma generalizada, os escalões superiores desconhecem, por lhes ser indiferente, o que ocorre no cotidiano das relações. Não raro, mostram-se frios ante a notícia dos atos praticados mesmo quando deles têm conhecimento. As soluções passam freqüentemente pela ação simplista e racionalizada do "nós contra eles", justificando a demissão ou a transferência do assediado, antes que apareçam novos problemas ou que os comentários cheguem aos ouvidos da matriz, expondo a autoridade da alta administração.

Qualquer tentativa para compreender as condições materiais que sustentam as práticas do assédio e da violência psicológica passa pela reflexão da história profana dos homens, relacionando-a com as formas de organizar o trabalho, a jornada ampliada em banco de horas (que expandiu o tempo de trabalho sem limites), o desemprego real e a distribuição das novas e precárias formas de emprego nos diversos setores da economia; as desigualdades construídas historicamente e o uso das políticas de afetividade escondem os processos disciplinares que as envolvem.

Em resumo, o assédio moral é um processo e não um ato de violência. Enquanto realidade e atividade humana, contém intencionalidade, diferente da impulsividade ou agressividade dos animais, que é instintiva. Os atos de violência psicológica mantêm estreito vínculo com o assédio moral. Ambos acontecem em determinada ordem econômica e social, assim como em determinada estrutura de poder. Mesmo para aqueles que supervalorizam os traços de personalidade e sensibilidade como suporte da violência, lembramos que os transtornos à saúde estão relacionados às novas condições de trabalho, como a opressão, a pressão, as exigências, a falta de reconhecimento, as avaliações subjetivas, as humilhações e as desqualificações que vão, pouco a pouco, minando a resistência e desorganizando a personalidade. Desse modo, essa violência é o fruto do aprendido socialmente, desenvolvido e vivenciado, internalizado e fundido no mais profundo do ser físico e psíquico dos homens.

SENTIDOS E SIGNIFICADOS DA POLÍTICA DE AFETIVIDADE

O mundo da fábrica é o universo das relações sociais. É o espaço dos discursos e das promessas, das seduções e dos conflitos, da competição e das exigências. É uma relação que comporta sentimentos de identificação e adesão muito fortes, sustentados pela preleção colaboracionista. Como que enfeitiçados, grande parte dos trabalhadores vê as empresas como a mãe que os acolheu; com o *status* internalizado de empresa-mãe, hospitaleira e aconchegante, eles tudo fazem pelo bem-estar da genitora simbólica que habita o centro do seu imaginário. Vida pessoal e sonhos se confundirão com a vida da organização, sendo tênue a fronteira que os separam.

Na contramão do paradigma de valorização do humano, a tecnocracia foi construindo e reafirmando no cotidiano uma racionalidade prática que elimina a autonomia e o domínio do "saber-criar-fazer" pelos trabalhadores; a tecnocracia, à medida em que decompõe, mina e torna ilusória essa autonomia, aprisiona as iniciativas que restam esquecidas e subsumidas nas exigências da produção, resultando em uma nova configuração das relações sociais e laborais. A vida vivida na organização é limitada e disciplinada pela fragmentação do processo produtivo, pela especialização das tarefas, pelo uso integral do tempo, pela intensificação do ritmo produtivo e pela rígida disciplina sobre o corpo que produz.

Para a OIT, os riscos psicossociais favorecem o surgimento de agravos e danos à saúde mental, sendo responsáveis por mudanças do estado de ânimo, das emoções e alterações do comportamento que podem evoluir para um estado depressivo. Nos dias atuais, as emoções continuam sendo objeto de indagações científicas e são consideradas em estreita conexão com os movimentos e os estados corpóreos que os acompanham. O fato é que em cada momento histórico priorizam-se determinadas emoções em detrimento de outras, com a intenção de vigiar, controlar e coagir. É nesse contexto que surgem políticas de afetividade, tendo como embasamento as teorias da inteligência emocional, a catarse emocional com a desidentificação do amor negativo, os programas integrados de comprometimento (Rivera, 2005) e tantos outros. São cursos e treinamentos exaustivos, que proliferam em ritmo acelerado, com promessas de melhorar a *performance*, estimular as emoções positivas e expulsar as negativas, colocando a inteligência emocional a serviço das relações na organização.

Os defensores dessas políticas apregoam que as emoções e os sentimentos devem ser colocados a serviço da vida e da felicidade e, para isso, os colaboradores devem aprender a alfabetizar as emoções, controlar os impulsos e se relacionar bem com o outro que se encontra a seu lado (Rivera, 2005). Mas, acima de tudo, devem internalizar os desejos e ideais corporativos como se fossem seus. A lógica impõe aprender a blindar as emoções, deixando-as fora do espaço fabril. Aqueles que não seguem a prescrição são vistos como incapazes de se adaptar às novas práticas, sendo classificados como divergentes e resistentes. O uso da política de afetividade faz parte da política de integrar e comprometer alegremente, estimular a empatia, aumentar a produção, pois chefes "emocionalmente inteligentes evitam atritos pessoais e passam ao trabalhador a sensação de que são amados e reconhecidos" (Sawaia, 2004).

A investida das empresas em políticas de afetividade é um exemplo das políticas racionalizadas, cujas propostas aos seus "colaboradores" sugerem que esses vivam as suas emoções de forma equilibrada e sejam despojados das tristezas, ou seja, eles são orientados a deixar os seus problemas em casa ou do lado de fora da empresa. Trata-se de uma política do contentamento geral, da falsa alegria em tempo integral, o que por si só constitui uma tarefa impossível. Se falarmos nas conseqüências que são geradas por tais políticas, resumiríamos em incentivo ao cinismo, ao sarcasmo e à negação dos afetos, isto é, o fomento à indiferença em relação à própria dor e à dor do outro, à insensibilidade, à passividade e à apatia em relação aos fatos que testemunham ou vivenciam em seu entorno social.

Pensemos uma cena na qual as condições de trabalho, as convenções, os códigos e as normas aplicadas implicam abuso de poder e sofrimento aos trabalhadores, quando estes questionam e exigem mudanças. A organização reage, esquece a propalada harmonia, torna-se rígida, endurece e estabelece novas metas. Faz uso de medidas coercitivas que podem culminar na transferência ou no estímulo ao pedido de demissão daqueles que insistem em pensar melhorias para o grupo. Outras vezes, os empregadores podem acenar com participação, por meio de prêmios e bônus para aqueles que ultrapassem as metas. Mas a premiação também pode seguir em uma outra direção, punindo e disciplinando com mãos de ferro e expondo ao ridículo aqueles que não atingiram as suas cotas de produção.

O que está em jogo aqui é o estímulo à maior participação e produtividade dos trabalhadores, independentemente do salário que recebem ou da sobrecarga de atividades a que estão submetidos. Podemos, pois, dizer que a política de afetividade agregou o valor da subjetividade, das emoções e dos pensamentos, apesar de os trabalhadores serem explorados e não terem autonomia para criar ou pensar na destinação final da peça que produziram. A criatividade fica atrelada às estratégias que aumentam as metas e atendam às demandas e pressões dos diferentes setores.

Se toda a causa está contida na conseqüência, a fiscalização constante e o controle do tempo ausente da produção não dão margens para se criarem e se nutrirem laços autênticos de amizade ou de solidariedade, assinalando significados e sentidos diversos, que podem desvendar nesse pequeno delineamento dos afetos como uma parte da ética da organização. É verdade que certos profissionais ligados à alta direção mantêm a confiança (ou ilusão) de que se pode ser feliz nas corporações. Muitos que ocupam cargos no topo, ou que são possuidores de um título superior em determinados círculos, acreditam que estão livres dos atos de violência no interior da organização. Nada mais enganoso, pois o estresse, a depressão, a hipertensão arterial e os cada vez mais freqüentes casos de suicídio entre executivos evidenciam a dominação que se oculta nas exigências e na entrega totalizante demandada pela organização, sendo muitas vezes vista como integrante da essência do poder ou o preço a ser pago por aqueles que a comandam.

Apesar de a forte inculcação ideológica a que foram submetidos, os trabalhadores sentem-se desafiados a instruir-se cada vez mais, acreditando que aprender novas práticas os torna indispensáveis à empresa, aumentando a sua inserção no mercado ou facilitando a sua ascensão profissional. Quer estejam no topo quer no chão da fábrica, os membros organizacionais desenvolvem o sentimento de indignação somente quando adoecem, são demitidos ou quando não tiveram reconhecidos os seus esforços em dar o "melhor de si" para a empresa-mãe. A ideologia da empresa está presente em todos os membros organizacionais, levando-os a se entregar sem queixas e a trabalhar mesmo quando doentes.

O clima organizacional nesses tempos de neoliberalismo revela-se cada vez mais individualista e competitivo, permeado por fofocas, críticas destrutivas e egoísmos, embustes e mentiras que contagiam os indivíduos e grupos, podendo desencadear um estado de ânimo marcado por tristes paixões, com inquietudes e incertezas. E a obediência sem questionamento torna-se rotina, na medida em que questionar pode ser transformado em culpa a ser enfrentada (Thomson, 2002). Assim, a falsidade e a hipocrisia podem marcar a moral que circula na organização, uma vez que as condições impostas por essa nova organização do trabalho e manifesta nas relações interpessoais alteram o temperamento e o comportamento de todos os envolvidos. Assim, os caminhos do adoecer vão sendo traçados e percorridos em um silêncio trágico e constrangedor; ou seja, em um processo de internalização individual do vivenciado tristemente no ambiente de trabalho.

As conseqüências desse processo se farão sentir na vida psíquica perpassada por uma luta furiosa entre duas realidades em conflito: o trabalho que os identifica e a empresa que os explora e os ignora (Rivera, 2005; Barreto, 2005). É certo que os trabalhadores influenciam dialeticamente a sua relação com o ambiente de trabalho e, mediante esse ambiente, modificam pessoalmente o seu comportamento, colocando-o sob seu controle. Mas se as condições de trabalho foram deliberadamente degradadas, impondo uma nova dinâmica às relações, homens e mulheres perdem o controle sobre o seu trabalho e sobre sua própria natureza, atingindo os afetos, alterando a sua saúde física e mental, alcançando sua dignidade e identidade. Estamos, pois, diante de um conjunto de bens, e ressaltamos a questão da dignidade como "um valor supremo, intrínseco, conferido ao ser humano pelo simples fato de ser 'humano', independentemente de raça, cor, sexo, religião, origem social ou econômica, o que o distingue das demais criaturas" (Lemes, 2002). Nesse sentido, o conceito de dignidade incorpora o direito à vida, à segurança e ao trabalho decente e sem medo.

No livro a *Cultura do medo*, Glassner (2003) afirma que vivemos uma falsa democracia na medida em que existe uma forma de poder que estabelece a desigualdade entre os indivíduos. E a cultura do medo, associada às inquietudes quanto ao futuro, nos paralisa, revelando simultaneamente a fragilidade das relações e a alta eficácia das políticas de vigilância. A insegurança afasta o olhar fraterno e o ombro amigo, dando lugar ao pânico e à indiferença daqueles que testemunham atos vis, fazendo-os tolerar o intolerável, banalizar as práticas que humilham, naturalizar a violação e se calar. O "agora" que se instaura é permeado de vergonha, culpa e solidão, pensamentos obscuros e circulares, vontade de desaparecer e morrer. As relações afetivas sucumbem ao "salve-se quem puder" evidenciando um corpo de trabalhadores tomado pelo pavor.

Muitas vezes, a voz silenciosa no constante falar "para si" torna-se o único recurso de resistência individual ou de obediência passiva. Resistência orientada por necessidade de manter o emprego como meio de sobrevivência de si e da família. Quanto à obediência passiva, essa significa a morte da criatividade na medida em que leva à sujeição e à aceitação apática. Assim, estamos dentro de um sistema altamente competitivo e flexível, no qual, porém, os pensamentos, os sentimentos, a fala e a subjetividade são constantemente reordenados de forma conveniente. Além de impedir a fala que questiona a produção, esse sistema naturaliza a demissão dos que adoeceram de tanto trabalhar, sonega informações aos que delas necessitam, omite doenças e terceiriza riscos. Esse é o caráter irracional da política de afetividade que está enraizado nos interesses norteadores da lucratividade empresarial a qualquer custo. Ademais, se cada trabalhador deve ser o representante dos ideais das elevadas metas de produção, não há tempo para criar vínculos de generosidade, tecer novas amizades, ou sequer, ser feliz.

No final dos anos 1990, as empresas criaram espaços informais extramuros como expressão da ação corporativa, alcunhados de "responsabilidade social" empresarial. Mais uma vez, o receituário das emoções positivas foi aperfeiçoado e seus tentáculos ultrapassaram os limites da empresa. Todos os membros organizacionais foram convocados a participar de trabalho voluntário, foram estimulados a inserirem-se no programa e viram a sua jornada de trabalho ser expandida, de forma a englobar os finais de semana. O contraditório é que os iguais da comunidade recebem o reconhecimento que não têm no intramuros.

Em busca de reconhecimento social, a empresa usa o trabalho voluntário para "plantar" uma face de "empresa-cidadã", surgindo como responsável socialmente. O interesse despertado por essas políticas expressa o poder que estende os seus tentáculos às populações, ocupando-se da produção e reprodução de programas sociais em parcerias diversificadas no que concerne ao lazer, à educação, saúde, higiene, alimentação etc. O que aqui é novo não é a apropriação ou o recrutamento da força de trabalho, mas a expansão do ato de governar e controlar as populações. A prática da responsabilidade social corporativa serve às necessidades empresariais por suas vantagens agregadas, entre elas, o aumento da produtividade, graças à satisfação de seus "voluntários" ante o reconhecimento direto e imediato recebido na comunidade em que presta serviços, pois esse sentimento é sempre experimentado e consciente.

Na história do trabalho, há transformações, lutas, resistência e metamorfoses, que, em alguns momentos, mostraram-se progressivos e em outros regressivos (Marx, 1988; Lukács, 2003). Se refletirmos sobre a política de afetividade e, por extensão, sobre a responsabilidade corporativa, encontramos um pano de fundo que oculta o interesse em penetrar e controlar, sem explicar ou justificar, retirando do trabalhador ou da comunidade o seu direito de decidir e agir.

SAÚDE: UM BEM A SER PRESERVADO

Saúde é uma maneira de abordar a existência e criar valores. É a possibilidade de ser feliz. Pressupõe um equilíbrio ativo entre o homem e seu meio ambiente, seja no trabalho, na família e na sociedade (Canguilhem, 2006), o que, de certo modo, transforma a saúde em direito cujo acesso é de poucos. Saúde e doença "exprimem agora e sempre uma relação que perpassa o corpo individual e social, confrontando com as turbulências do ser humano enquanto ser total" (Minayo, 1997). Para Canguilhen, ser sadio significa não apenas ser normal numa situação determinada, mas ser também normativo nessa situação e em outras situações eventuais, pois o que significa ter boa saúde é a possibilidade de adoecer e de se recuperar. E essa plasticidade do organismo é considerada por esse autor como um luxo biológico.

Uma pessoa está doente se (e somente se) necessita de auxilio subjetivo, clínico ou social, em virtude do mau funcionamento físico, psíquico ou psicofísico de seu organismo. Dessa forma, manter a saúde depende da interação e da confiança mútua que se estabelecem entre as pessoas nos diferentes espaços sociais. O corpo enfermo não é o que sente dor apenas, é também o que se entristece pela incapacidade de expandir o seu ser. Para muitos autores (Laurell, 1989; Breith, 1991; Dejours, 1998), a organização do trabalho é geradora de desgaste, fadiga, sofrimento e doenças, o que caracteriza a produção, tal como organizada nos dias de hoje, um processo destrutivo. Portanto, saúde mental "não é seguramente a ausência de angústia, nem o conforto constante e uniforme. A saúde é a existência da esperança, das metas, dos objetivos que podem ser elaborados. É quando há desejo" (Dejours, 1993). Pressões e exigências desordenadas e intensas, impostas pela organização do trabalho, são determinantes no desencadeamento dos transtornos à saúde física e mental.

Ao conceber a forma atual de organizar o trabalho e as novas tecnologias como agentes causais de doenças, consideramos que os transtornos da saúde resultam freqüentemente dos modos de organizar o trabalho, os horários, os regimes salariais, bem como a exposição aos múltiplos riscos, à falta de condições de segurança, à pressão e opressão crescentes, à falta de reconhecimento pelo que se faz, às relações hierárquicas e interpessoais marcadas pelo autoritarismo e pelo abuso do poder, à competitividade acirrada etc. (Thomson, 2002). Como alguns dos subprodutos dessa forma de se organizar o trabalho, encontram-se a indiferença ao sofrimento alheio, a intolerância, a perseguição e a falta de respeito às diferenças, que têm produzido comportamentos grotescos ao longo da história humana. Não é sem razão que, em 2004, o Parlamento Europeu concluiu que na última década surgiram novos riscos e patologias, relacionados a uma soma de diversos fatores no trabalho, entre os quais, ressaltam-se o estresse, a depressão, a ansiedade, o abuso de certas substâncias, a violência no trabalho e os assédios moral e sexual.

É a combinação caótica de diferentes riscos visíveis ou invisíveis no ambiente e nas condições de trabalho que levam os trabalhadores a adoecer. O valor das pesquisas está em reconhecer que a repercussão na saúde priva o doente da concreta realização da vida individual e coletiva, subjetivamente traduzida como a sensação de bem-estar no local de trabalho. Nessas pesquisas, fica evidente que a queda da produtividade e a deterioração da qualidade de vida dos trabalhadores guardam uma relação de causalidade com as condições de trabalho.

Em 2005, Barreto realizou ampla pesquisa, em todos os estados brasileiros, sobre o assédio moral no trabalho e obteve 10.600 respostas de trabalhadores de diferentes ramos produtivos, do setor público e privado, que se sentiam assediados, foram ou estavam sofrendo o assédio no local de trabalho, no momento da pesquisa. Desse contingente de assediados, 75% afirmaram que, em algum momento de sua vida laboral, sentiram as conseqüências das maledicências e humilhações; 70% foram vítimas de algum tipo de isolamento; 85% concluíram ter sido objeto de invasão de privacidade e intimidade, não existindo um ambiente de confiabilidade; 40% dos pesquisados haviam sofrido ameaças verbais.

Estudiosos da OIT mencionam as percepções dos trabalhadores e a necessidade de "ajustes subjetivos" ao seu entorno, por causa de pressão, sobrecarga do trabalho e novas exigências. Os ajustes são vistos como um meio de defesa ou de enfrentamento do ambiente hostil, que consiste em responder ao meio de forma objetiva, mudando a atitude ou melhorando as condições do posto de trabalho. O ajuste teria uma dimensão subjetiva de autocontrole das emoções diante das exigências. Assim, se as condições de trabalho primam pela negatividade das relações, então, estamos diante de uma situação que pode impedir a saúde ou mesmo pôr em risco a vida e o viver. As exigências são excessivas e constantes, e agem sobre os trabalhadores de forma negativa, diminuindo a sua capacidade de compreender e de decifrar mensagens, especialmente quando o ambiente de trabalho é marcado por extensão da jornada, baixos salários e quadro de pessoal reduzido. Os conflitos surgem quando os interesses dos trabalhadores se confundem com os objetivos da empresa, que são internalizados e tidos como se fossem seus, e ainda assim eles não conseguem dar conta das exigências que lhes são impostas. É nessa direção que as emoções tristes, geradas por tensões, exigências e conflitos constantes, independentemente da repetição e temporalidade dos atos de violência, podem desencadear um mau funcionamento do organismo, impondo uma nova ordem ao silêncio dos órgãos e favorecendo ao aparecimento de distúrbios e situações estressantes persistentes. Estas podem evoluir para a neurose profissional (Fadiman e Frager, 1986), na qual encontraremos um estado persistente de desorganização da personalidade.

Para estudiosos como Leymann (1993), seriam necessários seis meses de ações violentas para se considerar que alguém está sendo vítima de assédio moral. Barreto (2005), ao pesquisar os trabalhadores brasileiros, encontrou um tempo de duração que varia de três meses a mais de três anos, dependendo da empresa, se privada ou pública. Segundo esses dados, o maior tempo de permanência dessas práticas acontece em empresas públicas, nas quais 60% dessas práticas perduram por mais de três anos. Nas empresas privadas, 80% dos casos de assédio têm permanência menor (de seis meses a um ano), o que demonstra alto grau de resolução, pois a empresa livra-se em menor espaço de tempo daqueles que são considerados inconvenientes.

Hirigoyen (2001) encontrou percentual menor (45%) de permanência dessas atitudes, situando-as entre um a três anos. A divergência está relacionada aos critérios adotados: participaram da pesquisa apenas as pessoas que se sentiam assediadas, se encontravam nessa situação ou foram assediadas moralmente em algum momento de sua vida laborativa. Quanto mais longo o período de tempo de exposição às humilhações, mais degradadas tornam-se as condições e o ambiente de trabalho, as relações interpessoais, a saúde individual e do grupo. Por isso, o tempo encontrado e demarcado internacionalmente como definidor da existência ou inexistência do assédio moral não pode constituir um engessamento às ações preventivas.

Certamente, discordamos quanto ao tempo de espera, ou melhor, que há de se esperar vários meses (seis meses, segundo Leymann, 1996) para se identificar a prática do assédio moral e se tomar medidas preventivas. Como em qualquer outro risco, na medida em que é identificado ou se suspeita acerca da ocorrência de doenças relacionadas e causadas por assédio moral, a Comunicação de Acidente do Trabalho (CAT) deve ser emitida pelo empregador, com um relatório médico no qual constem o histórico da atividade, as pressões sofridas no exercício das atividades, as interações e relações laborais, o posto de trabalho etc. Essas informações facilitarão o estabelecimento do nexo de causalidade. Acreditamos que estabelecer uma relação quantitativa para uma questão que envolve poder, política, relações interpessoais, percepções dos trabalhadores que estão sofrendo os efeitos concretos dessas relações, não atende às necessidades de medidas preventivas e corretivas, que urgem serem tomadas. Portanto, entendemos que a ligação entre a quantidade de atos e o assédio moral não pode ser vista como definidora da violência sofrida.

Ao serem constatados, os atos de violência devem ser imediatamente barrados e não tolerados. Caso contrário, os danos serão ampliados à saúde e aos relacionamentos dos trabalhadores, à produtividade da organização e à previdência social. Determinar qual é o tempo necessário para identificar o sofrimento imposto e seus efeitos na saúde é, de alguma forma, legalizar a violência, é permitir o seu prolongamento e transformar o lugar de trabalho em um espaço de medo, angústia, estresse e efetivação da loucura.

Se um simples "bater de asas de borboleta" é suficiente para desencadear mágoas ou recrudescer uma dor passada (Hirigoyen, 2002), é porque os atos falam de uma realidade que se vive e na qual se estabeleceu uma ruptura entre a vida e a moral, os gestos e as palavras, definidores de valores e bons modos nas relações com o outro. Quando os atos se repetem, estamos diante de uma sistematização racional baseada em normas e códigos administrativos. Certamente, a permanência e a persistência dos atos dão origem a novas sinalizações e codificações, alimentando a culpa e os conflitos na relação com a chefia e seus pares. Nesse contexto, leis racionais e exigências, códigos e normas, fofocas e ridicularizações, desvalorizações e discriminações, impõem silêncio e obediência cega, disciplinando as emoções e forçando o outro a se manter na "linha", de forma responsável. Esses são elementos devastadores do sentido da vida e do viver nos diferentes espaços sociais. Seguramente, o que fica patente é a incapacidade das empresas de lidar com a ética social, a autonomia dos trabalhadores, a igualdade e a eqüidade de direitos. Conseqüentemente, não se consegue avançar.

Falar das conseqüências do assédio moral na saúde implica pensar nos danos psíquicos que podem apresentar-se como angústia e ansiedade, transtornando a existência. Isso porque o modo de viver, sentir e pensar a existência anterior e posterior à violência sofrida atua de forma a potencializar ou não a recuperação do indivíduo. Quando ocorre o contrário, o indivíduo mantém, e mesmo aprofunda, os pensamentos tristes e recorrentes, apesar do esforço manifesto para se livrar deles e se curar. As emoções podem ser tanto a expressão de potência de agir como a de padecer. Seu movimento de afirmação ou de negação é constante, expressando idéias adequadas ou inadequadas e propiciando a passagem da saúde à doença. É o que vamos encontrar em casos iniciais de assédio moral, que pode ser chamado de "mal-estar".

Na fase de mal-estar, é comum o indivíduo sentir-se como se fosse um nada. As emoções são marcadas por pensamentos tristes, a vida perde o sentido e ele sofre de culpa e vergonha. Estão presentes a mágoa, a raiva e as incertezas, acompanhadas freqüentemente de interrogações sem respostas ou de dúvidas constantes. O indivíduo tem uma avaliação negativa de si mesmo e pergunta-se constantemente "o que fiz", "onde errei". Caso a situação se prolongue, instaura-se a desestabilização afetiva, na qual a vivência do sofrimento caracteriza um estado de latência da doença. O assédio moral guarda certa semelhança com as situações traumáticas, ou seja, os assediados não conseguem superar o acontecido e cada novo ato de violência constitui um novo golpe a ser enfrentado, mortificando-o. Ele parece sucumbir e não ter forças para continuar ou retornar no dia seguinte ao seu posto de trabalho.

Quando a autoconfiança do indivíduo se rompe, surgem os pensamentos repetitivos e recorrentes. Ele não consegue encontrar uma saída ou buscar compreender os acontecimentos traumatizantes. Essa situação pode fortalecer a sensação de angústia, incerteza e inquietude, ao perceber que não consegue produzir como antes e passa, então, a duvidar de sua capacidade profissional. Ele sente que sua força está acabando, mas continua acreditando que tudo passará após a situação ser esclarecida. Os sintomas dominantes dessa fase de mal-estar são os sentimentos de ser nada, ou seja, sentir que não tem valor, se sentir "um ninguém", um lixo ou um refugo social. O indivíduo não consegue conciliar o sono, cheio de interrupções, e, freqüentemente, sonha com o agressor. Os pensamentos ficam centrados nos atos violentos vividos, de tal forma que não consegue lembrar de fatos recentes. Sua memória está aprisionada no exercício de compreender os acontecimentos perversos.

A repetição dos atos de violência ao longo do tempo estimula a necessidade de rever constantemente as cenas em que foi humilhado. Cada palavra é relembrada em detalhes. Os gestos do assediador são revistos centenas de vezes. O tom da voz e as feições do assediador e o local onde ocorreu tal violência tomam conta dos pensamentos escravos da cena e do sofrimento, mantendo um processo circular enlouquecedor. É freqüente sentir-se perseguido, injustiçado, desconfiado de tudo e de todos. Dominado pelo cansaço, faltam-lhe forças para reagir, prefere isolar-se, não sente prazer em nada, tem desejos vagos e pensa em não retornar mais à empresa. Têm início os sinais de alarme do organismo: dores de cabeça, distúrbios digestivos, alterações de comportamento, sensações vagas de dores que migram. Com o passar dos dias, a falta de resolução ou esclarecimentos, as alterações evoluem para novo estado de ânimo, podendo chegar à depressão, à síndrome do pânico, ao *burn-out*, entre outros. Esse processo de instauração da doença não é tão rígido e suas fases se misturam, podendo variar de pessoa para pessoa.

O ostracismo imposto, ou auto-imposto, suscita uma reação social que pode levar ao uso de drogas, em especial álcool, ou mesmo à reprodução da violência em outros espaços sociais. O mais aterrador é que nos pensamentos cristalizados, o sofrimento imposto e não explicado ou compreendido pode ser causa de ideação suicida e da vontade de morrer.

O assédio moral no ambiente de trabalho leva à destruição das redes de comunicação, o que, por sua vez, perturba o exercício do trabalho e viola os direitos fundamentais como a saúde, o trabalho, a dignidade, a igualdade e a integridade pessoal. Todo trabalhador tem o direito de não ser objeto de humilhações (Hirigoyen, 2002; Rivera, 2005). Os pensamentos repetitivos e cristalizados obstruem novas conexões psíquicas, favorecendo os transtornos da psique; as seqüelas podem levar à tentativa de suicídio e mesmo à morte por suicídio. Quando os trabalhadores são vítimas de violência no trabalho, eles se mantêm ocupados em tratar de suas feridas e superar a própria dor, razão pela qual freqüentemente se isolam da família e do círculo de amizades, o que constitui um erro que potencializará as suas fragilidades. Muitas vezes, os filhos ficam expostos ao descontrole, à irritabilidade e ao isolamento dos pais, o que desencadeia neles sentimentos de abandono e de que não são amados.

Ressaltamos que a gravidade e as conseqüências do assédio moral estão relacionadas ao tempo de duração do sofrimento imposto (Hirigoyen, 2002; Rivera, 2005). É nessa perspectiva que humilhações repetitivas e sistemáticas, em ambiente constrangedor e de cegas exigências, atuam em nosso organismo, alterando a fisiologia, desequilibrando a bioquímica, bloqueando novas conexões neurais, modificando o comportamento nas relações sociais, deixando marcas e seqüelas que se prolongam no tempo.

Dar fim à própria vida não é um acontecimento de fácil compreensão, mesmo quando a ideação suicida nos parece confusa e fruto da desestabilização provocada, pois seguramente há razões externas que impõem ao indivíduo pensamentos e ação (Alvarez, 1999). Partindo do pressuposto de que o trabalho constitui "tudo" em sua vida ou a sua razão do viver, o não-trabalho pode ser a razão do não-viver. E quando ocorre o suicídio, o indivíduo mostra a única forma encontrada para acabar definitivamente com o sofrimento que não deseja, que não pediu para experimentar e que o desonra. Em Durkheim, encontramos suicídios de indivíduos relacionados com a intensidade da integração ao grupo e ao seu posterior desligamento, resultando em uma mudança brusca da vida, levando-os a viver uma nova e inesperada situação, que podem não suportar. Felizmente são muitos os que encontram forças para superar as dores e encontram apoio na família e nos amigos.

capítulo 5

O assédio moral e a lei

A maior dificuldade no que concerne à penalização do assédio moral é justamente a sua "invisibilidade" e, portanto, o alto grau de subjetividade que está envolvido na questão. O nexo causal, ou seja, a comprovação da relação entre a conseqüência (no caso, o sofrimento da vítima) e sua causa (no caso, a agressão), indispensável na esfera criminal, nem sempre é aparente. Isso porque tais humilhações são, geralmente, perpetradas "com luvas", ou seja, sem deixar as digitais do agressor.

No entanto, apesar dessa dificuldade de penalização, que, como já observamos, deve-se ao fator subjetivo que envolve esse tipo de delito, alguns países já têm um projeto de legislação específica para criminalizar o assédio moral no trabalho. É o caso de Portugal, Itália, Suíça e Bélgica (União Européia – Resolução n. 2.339/2001), da Noruega, do Chile e do Uruguai. Na maioria dos países, a situação é muito semelhante: a carência de um ordenamento específico que criminalize essa forma de tortura psicológica.

A Suécia, país nórdico admirado por seu inegável desenvolvimento econômico e social, desenvolveu os primeiros estudos sobre esse assunto e apresenta um ordenamento jurídico exclusivo para essa finalidade. Apesar disso, também ostenta elevados índices de suicídios, sendo que 10% a 15% destes são decorrentes do terror psicológico, de acordo com pesquisas de Leymann (Davenport; Schwartz e Elliot, 2002, p. 25). A Lei Básica de Proteção Contra os Riscos Laborais (de 31 de março de 1994), resolução publicada pelo National Board of Occupational Safety and Health, quase um código de conduta no espaço laboral, institui medidas contra quaisquer ações freqüentes e hostis ocorridas no confronto de trabalhadores, capazes de determinar o afastamento ou a demissão do empregado.

Embora a OIT sinalize que 53% dos trabalhadores do Reino Unido já experimentaram a horrível sensação de serem humilhados no ambiente laboral (Di Martino, 2000), esse país não possui uma legislação específica sobre assédio moral no trabalho (*bullying*). Possui, no entanto, o Protection from Harassment Act (1997), um instrumento jurídico que, como o próprio nome diz, tem por escopo a proteção do cidadão em relação a qualquer conduta agressiva perpetrada por outra pessoa. Embora não seja um instrumento legal muito específico, abrange a questão legal e indenizatória, servindo para intimidar os transgressores com o aceno de multa (máximo de cinco mil libras) ou de detenção de até seis meses. O empregado terá o prazo de seis anos para pleitear seus direitos. O interessante e salutar é que o referido dispositivo jurídico prevê a possibilidade de um acordo entre o agressor e a pessoa assediada, com o intuito de que as condutas abusivas cessem a partir desse momento. Se a violência não findar e, portanto, o acordo for descumprido, o algoz terá que dar satisfação de seus atos à Justiça Criminal, estando sujeito a uma pena de até cinco anos de prisão. Ademais, segundo esse sistema, a Justiça Civil ainda pode condenar o agressor a indenizar o ofendido pelos danos materiais e morais sofridos. Já se o ofendido utilizar a norma trabalhista, ou melhor, o Employment Rights Act, de 1996, em caso de demissão sem justa causa por motivo de assédio laboral, terá apenas três meses para recorrer à Justiça.

Portugal possui o Projeto de Lei n. 252/VIII (de 27 de junho de 2000), denominado Proteção Laboral Contra o Terrorismo Psicológico ou Assédio Moral. De acordo com esse ordenamento jurídico, entidades patronais e superiores hierárquicos podem tornar-se solidários na questão. Prevê sanção penal de um a três anos de reclusão ou pena alternativa de cinco milhões de escudos para esses casos. Se houver agravante, a pena será de dois a quatro anos e a multa, de vinte milhões de escudos. Planos preventivos contra essa forma de violência não são facultativos nesse país. Esse Projeto de Lei pontua a ação preventiva como obrigatória e institui a anulabilidade e não a nulidade (somente possível se a pessoa assediada oficialmente solicitar) dos atos e efeitos decorrentes dessa forma de tortura. Ademais, o artigo 24 do Código de Trabalho desse país (1º de dezembro de 2003) tenta estabelecer o conceito de assédio moral, mas, de modo não específico, trata do problema da discriminação em suas mais diferentes formas. Assim, poderíamos dizer que esse dispositivo legal, embora utilize o termo assédio, preocupa-se na verdade com sinalizar e condenar os componentes básicos desse mal, a discriminação e a humilhação.

Na Itália, país de inegável tradição jurídica, o Código Civil, em seus artigos 2.087 e 2.103, faz referências à "personalidade moral" do trabalhador, ou seja, advoga de forma intransigente sua integridade física e psíquica. Já o artigo 2.059 faz alusão ao ressarcimento por danos morais. O *mobbing* vem sendo objeto de vários projetos de lei no parlamento italiano e, tal como na Bélgica, a legislação prevê a Instância de Conciliação como tentativa de solução das querelas conseqüentes do assédio moral. Como se pode observar, embora a Associazione Italiana Contro Mobbing e Stress Psico-Sociale tenha estimado, no final da década de 1990, que o número de empregados italianos assediados moralmente ultrapassa um milhão de pessoas. E, apesar de a Itália ainda não contar com um ordenamento jurídico totalmente específico, o

Direito desse país possui eficientes dispositivos para que as pessoas humilhadas e fragilizadas não se sintam desamparadas.

O Projeto de Lei chileno tem a intenção de introduzir em seu Código Laboral o dispositivo relativo ao assédio moral. Interessante notar que esse ordenamento jurídico prevê a possibilidade de sanções no âmbito administrativo (multa fiscal) e concede benefícios tributários àqueles empresários que agirem de forma preventiva em relação a esse flagelo. Guardando certa semelhança com o artigo 483 da nossa Consolidação das Leis do Trabalho, quando caracterizado o referido ilícito, o empregado poderá considerar rescindido o contrato pelo empregador e pleitear a devida indenização.

No Uruguai, há um Projeto de Lei ("Faltas Laborais Graves", de 12 de abril de 2000) para atos que caracterizem o assédio moral. Esse texto legal prevê a responsabilidade solidária da empresa pelo mal, caso não comprove um programa de prevenção ao fenômeno. O mesmo texto, que prevê a proteção contra a dispensa do empregado logo após ser concretizada sua reclamação ou denúncia, mostra a que veio logo em seu artigo 1º:

> constitui falta, no âmbito trabalhista da parte empregadora da iniciativa privada, todo ato de violência, injúria, ameaça, ou maus tratos, ou qualquer outra violação ao dever de respeito à personalidade física ou moral do trabalhador, sempre que tais atos tenham características graves, assim como todo ato de assédio sexual.

Embora a Espanha não tenha um ordenamento mais específico sobre a questão, a magistratura ibérica tem se servido do direito constitucional pátrio para resolver essas questões. A Constituição espanhola, aliás, muito parecida com a brasileira, em seus primeiros parágrafos (principalmente nos artigos 10 e 15), expressa o respeito à dignidade da pessoa, à sua integridade física e moral e ao repúdio a qualquer forma de tortura e maus-tratos. Essa clareza de princípios tem permitido a aplicação, por analogia e com o concurso do Código Penal, das sanções contra essa forma de violência além da "cobrança" de medidas preventivas. O artigo 173 do referido Código é incisivo nesta questão: "Aquele que infligir à outra pessoa um trato degradante, menosprezando gravemente sua integridade moral, será castigado com a pena de prisão de seis meses a dois anos".

A Costa Rica também possui o seu Projeto de Lei concernente a tal malefício. Bastante completo em intenções e reivindicando responsabilidade preventiva por parte do patrão – além de propiciar a demissão por justa causa do empregado agressor – busca a conciliação e, quando esta não surte efeito, julga plenamente competente a Justiça Laboral para a análise dessas questões.

Nos Estados Unidos, o instrumento jurídico utilizado para combater com mais eficiência o *moral harassment* (ou "tirania nas relações do trabalho", como também este problema é ali denominado), são os Atos dos Direitos Civis de 1964 (Civil Rights Act). Estes explicitamente proíbem qualquer tipo de discriminação no trabalho em função de cor de pele, raça, origem e sexo. Embora não haja uma legislação específica nem homogênea sobre o tema (existe ampla liberdade de os Estados federados legislarem), o conflito jurídico acaba geralmente sendo resolvido por analogia com as leis já existentes. Estima-se que 3 mil suicídios anuais estejam relacionados a essa violência (Davenport, Schwartz e Elliot, 2002, p. 25). As organizações norte-americanas têm se esforçado muito para prevenir e coibir esse mal, pois o "furor processualista" para a interposição de ações milionárias sob os mais distintos pretextos, alguns absolutamente esdrúxulos, é por todos conhecido. Para a Suprema Corte desse país, segundo as pesquisadoras norte-americanas citadas, três fatores levarão o *moral harassment* a ser considerado como tal: a gravidade da conduta (não serão consideradas ofensas sem maiores conseqüências), a freqüência da violência e se tais condutas abusivas influenciam na produtividade do trabalhador. Como se vê, a Justiça norte-americana tem sido rigorosa e cautelosa na análise dessas questões. Será uma reação à excessiva ampliação do conceito de assédio sexual naquele país? Ou como adverte Marie-France Hirigoyen (2005, p. 75): "a vitimação excessiva termina por prejudicar a causa que se quer defender. Se, com ou sem razão, enxergarmos o assédio moral a todo instante, o conceito corre o risco de perder a credibilidade".

O Direito do Trabalho alemão, fortemente influenciado pelos princípios social-democratas norteadores do *welfare state* (Estado de bem-estar), fez com que a Alemanha, embora não tendo um ordenamento específico relativo ao terror psicológico, construís-se uma jurisprudência empática às vítimas dessa forma de violência laboral.

O ordenamento jurídico belga contempla a Lei Concernente à Proteção Contra a Violência e o Assédio Moral e Sexual no Trabalho. É uma norma específica para tal e está em vigor desde 1º de julho de 2002. A definição de assédio moral adotada por esse país é extremamente semelhante ao conceito que Marie-France Hirigoyen tem elaborado. O projeto belga prevê a obrigatoriedade de planos preventivos no que concerne a esse mal abrangendo qualquer categoria de empregado, mesmo o doméstico, tradicionalmente esquecido no trato desses assuntos. Caracteriza-se pela proteção ao empregado assediado e também às suas testemunhas de defesa no que concerne a uma eventual demissão arbitrária. Esse ordenamento também contempla o instrumento de "conciliação" – tentativa de apaziguamento antes que se chegue às barras dos tribunais – entre o agressor e a vítima.

Na Suíça, tramita desde outubro de 2000 um Projeto de Lei que tem por escopo tratar a questão do assédio moral de forma específica. Contudo, muitos parlamentares opõem-se a ele, alegando que as vítimas desses tipos de abusos e agressões podem encontrar guarida na legislação civil, trabalhista e penal já existente.

Todos os países da União Européia são beneficiados pela Resolução n. 2.339/2001, sancionada pelo Parlamento Europeu em 20 de setembro do referido ano. A Fundação Dublin, mediante suas pesquisas, sinaliza que 8% dos trabalhadores dessa comunidade já conheceram, de perto, o terror psicológico. Outros pesquisadores alegam que somos otimistas se afirmarmos que 12 milhões de europeus são vítimas desse mal. Para esses, o número real é bem maior. Mas o que verdadeiramente importa é que o impacto desse estudo acabou por influenciar a elaboração dos 25 itens desta Resolução, que, até certo ponto, indica a heterogeneidade sociocultural de seus membros e a conseqüente complexidade da abordagem dessa questão.

Não obstante haver um significativo número de países com projetos de lei federais a esse respeito, é a terra do iluminismo, a França, que, em nível internacional, possui uma lei específica contra o assédio moral definitivamente sancionada, enquanto o mérito de terem sido precursores nesse aspecto cabe aos países escandinavos. Refiro-me ao Capítulo IV da Loi de Modernisation Sociale (Lei de Modernização Social) do trabalho da França, concernente ao assédio moral no trabalho, texto publicado em 17 de janeiro de 2002 no *Diário Oficial* francês. Também prevê pena de prisão de até um ano, ou multa de 15 mil euros, para quem perpetra esse tipo de violência.

No Brasil, vereadores e deputados têm tentado criar uma legislação mais direcionada a esse fenômeno, no intuito de chamar a atenção para sua gravidade. Já existem várias leis municipais e algumas estaduais. No âmbito estadual, é o Rio de Janeiro que, desde agosto de 2002, desponta com uma legislação bastante completa. Ela combate o assédio moral de forma extensiva às empresas permissionárias ou concessionárias. Por iniciativa de Noel de Carvalho, deputado estadual pelo PSB-RJ (Partido Socialista Brasileiro), há uma lei que coíbe esse delito no serviço público (Lei n. 3.921). De fato, o Rio de Janeiro foi o primeiro estado brasileiro a criar uma legislação específica sobre esse problema, embora esta tenha apenas por escopo os funcionários das empresas públicas estaduais da administração direta, indireta e de fundações públicas, porque a legislação trabalhista é de competência federal. A única área em que o deputado estadual pode interferir é na relação de trabalho dos servidores públicos estaduais.

Na esfera municipal, temos aprovada a lei contra o assédio moral de São Paulo, Lei n. 13.288, de 10 de janeiro de 2002, de iniciativa do vereador Arselino Tatto, do PT (Partido dos Trabalhadores). A lei "dispõe sobre a aplicação de penalidades à prática de assédio moral nas dependências da Administração Pública Municipal Direta e Indireta por Servidores públicos municipais". Essa norma jurídica vem acompanhada de mais de uma dezena de leis e projetos de lei em outros municípios, o que atesta a reação da sociedade civil para esse fenômeno. Iracemápolis (SP) foi o primeiro município do Brasil a tutelar seus cidadãos contra a prática de assédio moral. O decreto que regulamentou tal lei foi aprovado em 30 de abril de 2001, sendo inspirado no primeiro projeto de autoria de Arselino Tatto, assim como todos os demais. Também no estado de São Paulo, e geograficamente próximas ao município pioneiro, as cidades de Americana e de Campinas seguiram o exemplo, aprovando leis protetoras em junho e em outubro de 2002, respectivamente. Ainda em São Paulo: Jaboticabal pôde contar com a iniciativa do vereador Maurício Benedini Brusadin, e Guarulhos teve o apreço do vereador petista José Luiz Ferreira Guimarães para combater esse mal. Caio Mário Sales, vereador do município de São Carlos, em 23 de dezembro de 2003, também contribuiu com a autoria da Lei n. 13.261, que tenta coibir esse mal na esfera pública municipal. No estado do Paraná, Cascavel teve o apoio do legislador municipal Alcebíades Pereira da Silva, do PTB (Partido Trabalhista Brasileiro), e Maringá teve sua Lei Complementar n. 435, de 18 de novembro de 2002. Também outra Lei Complementar na Câmara Municipal de Porto Alegre (RS), por obra de Aldacir Oliboni, vereador afiliado ao PT, trata do referido assunto. A cidade do sol, Natal (RN), também foi iluminada pela atitude de Antônio Júnior da Silva, vereador pelo PT. Finalmente, o estado de Mato Grosso não se descuidou dessa polêmica: Sidrolândia, em 5 de novembro de 2001, e São Gabriel do Oeste, em abril de 2003, criaram normas jurídicas na tentativa de erradicar essa forma de violência. Cumpre-nos também informar que mais de uma dezena de projetos de lei se disseminam pelas Câmaras Municipais deste país, inspiradas na legislação de Iracemápolis (SP), ajudando a criar uma futura jurisprudência no que concerne ao assédio moral e a outras formas de abusos e violações dos direitos humanos.

Também no estado de São Paulo se observa a mesma tendência. Geraldo Alckmin, governador em exercício à época, vetou o Projeto de Lei já aprovado em setembro de 2002 (Projeto de Lei n. 422, de 2001), de autoria do deputado Antônio Mentor (PT), versando sobre o terror psicológico na administração pública. Alegou ser esse texto inconstitucional, entre outras "impropriedades". A Lei n. 12.250, de 9 de fevereiro de 2006, depois aprovada pelo então governador Claúdio Lembo, de autoria do mesmo deputado, contempla apenas os servidores públicos estaduais e não todos os trabalhadores do estado de São Paulo da rede privada. Essa lei caracteriza o assédio moral como crime administrativo e obriga o gestor público a tomar providências para refrear esse tipo de prática, apontando punições para quem o praticar.

No final de 2007, o governador José Serra vetou, alegando inconstitucionalidade, a lei de autoria de Arselino Tatto.

Além desses estados, outros possuem projetos de lei em tramitação nas suas Assembléias Legislativas. São eles: Espírito Santo, contemplado pelo deputado Lelo Coimbra, com o Projeto de Lei n. 128, de 2002; Bahia, agraciada pela deputada Moema Gramacho, com o Projeto de Lei n. 12.819, de 2002; Pernambuco, representado pelo deputado Isaltino Nascimento, com o Projeto de Lei n. 100, de 2003; Ceará, contemplado pelo deputado Chico Lopes, com o Projeto de Lei n. 44, de 2003; e, finalmente, o Rio Grande do Sul, agraciado pela deputada Maria do Rosário, com o Projeto de Lei Complementar n. 200, de 2001.

Embora o Brasil ainda não tenha uma legislação específica sobre esse tema em nível federal, sete projetos de lei que dispõem sobre assédio e/ou coação moral tramitam na Câmara Federal (Congresso Nacional). Apesar de sofrerem cerceamento por parte de alguns setores da sociedade que não os vêem com bons olhos, esses projetos ajudam a criar uma jurisprudência na qual o reclamante poderá basear-se ao procurar a Justiça. A jurisprudência amedronta muitas empresas, atualmente preocupadas com as altas indenizações que deverão pagar aos seus funcionários caso sejam penalizadas, o que faz com que os gestores comecem a recorrer a seguros especializados, como o da Chubb Seguros, especializada nos chamados "seguros de responsabilidade executiva". Suas apólices cobrem os custos judiciais e as eventuais multas em casos de violência psíquica, assédio moral e/ou sexual no ambiente de trabalho, danos morais, demissões injustas, retaliações, injúrias e invasão de privacidade, além de restrições de oportunidade de carreira.

DANO MORAL

Como já vimos, não obstante o assédio moral estar disseminado entre as mais diversas categorias profissionais, a consciência sobre o assunto e suas conseqüências só recentemente vêm crescendo, haja vista o crescimento vertiginoso nos últimos anos do número de processos por danos morais nas relações de trabalho nos tribunais brasileiros. A violência no trabalho deixou de ser percebida como um ato natural. Os trabalhadores não estão mais resignados diante das atitudes agressivas e desrespeitosas que os superiores hierárquicos determinam para que seus subordinados consigam cumprir as metas. Hoje estão muito mais conscientes sobre seus direitos.

No caso do dano moral em local de trabalho, um item a ser considerado são as revistas indevidas a que são submetidos os empregados. Existe aqui um conflito de competências quando a questão é essa, já que a Carta Magna garante ao patrão o direito de proteger seu patrimônio (mercadorias) e o inciso VI do artigo 373-A da Consolidação das Leis do Trabalho seja explícito quanto à proibição de "proceder o empregador ou preposto a revistas íntimas nas empregadas ou funcionárias"; ora, como a Justiça tem como norte o princípio kantiano de que a dignidade não tem preço e, portanto, é um valor que precede e supera o da mercadoria, as organizações têm perdido grande parte das ações nas quais estejam envolvidas. O Tribunal Superior do Trabalho e as demais instâncias têm julgado de forma favorável àqueles que pleiteiam indenizações em caso de revistas íntimas, como veremos adiante.

O mesmo se dá com as várias formas de práticas discriminatórias no ambiente de trabalho, como aquelas relativas à orientação sexual, à deficiência física, à convicção política, à raça, ao estado civil, ao sexo, à profissão de fé, à ideologia, à idade etc. Essas formas de exclusão, diretas ou indiretas, ensejam a responsabilização penal. Na esfera trabalhista, têm trazido à Justiça pedidos de reparação por dano moral. Só em São Paulo: já foram ajuizadas muitas ações civis públicas de combate à prática de assédio moral, com solicitações de cessação da humilhação sob pena de multa diária, acrescidas de solicitações de indenização de dano moral coletivo.

As anotações feitas na carteira de trabalho devem limitar-se aos dados exigidos por lei (art. 29 da CLT). É vedado ao empregador efetuar anotações vexatórias à conduta do empregado, inciso 4º do mesmo artigo. Qualquer registro que desabone a conduta do trabalhador, dificultando-lhe a obtenção de novo emprego, caracteriza ato ilícito – dano moral.

Situação semelhante ocorre nos casos de dispensa humilhante, e mesmo violentas, nas quais o empregador extrapola o seu legítimo direito de despedir o empregado. Na despedida abusiva, a esfera ética do cidadão é que é ofendida. Infelizmente, não são raros os casos de dispensa de empregado na qual o dano moral é evidente e está tipificado pela cena infamante que lhe é imposta. Há casos de pessoas, com mais de 20 anos de casa, sem indício de improbidade de qualquer ordem, que, ao chegarem ao trabalho, foram avisadas de sua dispensa ("A empresa não precisa mais de você..."); impedidas de se apoderarem de seus pertences pessoais (chaves, *laptops*, cartões), foram obrigadas a "desfilar" pela empresa (RH, ambulatório médico), acompanhadas por seguranças até a saída. Sugere-se, assim, que esse "colaborador" poderia furtar ou cometer um ato de violência contra a organização à qual, por quase três décadas, se dedicou.

Mas há outras formas de se ferir a honra e macular a imagem de um empregado. É possível discriminar ex-empregados que ajuizaram reclamações trabalhistas, quando do fornecimento de referências, fragilizando economicamente e emocionalmente as pessoas que pleitearam seus direitos no poder judiciário trabalhista. Também serve como um "recado" àqueles que ficaram na empresa (não foram dispensados) sobre as conseqüências de suas eventuais reivindicações. A esse eficaz dispositivo de intimidação, ainda muito utilizado – apesar de sua ilegalidade – por certas entidades patronais, principalmente da área financeira e educacional, denomina-se "listas negras"; aliás, conduta discriminatória e racista até no nome.

Por vezes, nos perguntamos se a perversão moral não tem limites. São conhecidos alguns casos de tentativa de difamação que causam inegáveis constrangimentos à vítima. Na tentativa de desestabilizar emocionalmente o trabalhador de quem se deseja desfazer, algumas organizações chegam ao cúmulo de divulgar, nos locais de trabalho, a informação de que o indivíduo é portador de uma moléstia – principalmente aquelas que ainda inspiram comportamento discriminatório –, o que, posteriormente, verifica-se ser falso. Fato que também ocorre com freqüência no que concerne à difamação de homossexuais. Desnecessário narrar os problemas e os sofrimentos que o sujeito vítima desse vil engodo terá de enfrentar. A reparação por dano moral é mais do que justa.

Também parece ser ilimitada a "criatividade" de alguns gestores quando querem se livrar de empregados indesejados. Com o intuito de forçar o trabalhador a se demitir, utilizam um expediente bastante eficiente para atingir a dignidade, a honra e mesmo o orgulho das vítimas. Obrigam-nas a desempenhar funções para as quais não foram contratadas e para as quais sequer estão preparadas emocionalmente. A propósito, algumas dessas tarefas são consideradas aviltantes para os nossos padrões sociais. Esse rebaixamento de cargo e função tem direção certeira: ao humilhar publicamente a pessoa, fica bem mais fácil substituí-la por outra de menor custo. Conhecemos o caso de um indivíduo, ganhador de prêmios em uma grande corporação, que ostentava a justa direção de um departamento e, por despertar inveja e medo em seu superior devido à sua competência, acabou por integrar a equipe do almoxarifado da referida empresa. Destruído psiquicamente, tentou o suicídio por duas vezes. Além disso, casos de engenheiros que se tornam porteiros e cuja principal função consiste em anotar a esmo o número das chapas dos veículos que por lá trafegam não é ficção.

Um flagrante forjado pelo empregador também pode ser utilizado com o objetivo de livrar-se do trabalhador inconveniente, sem muito custo. Fato conhecido nos meios de comunicação se deu quando determinada empresa, que devido a uma péssima gestão passava por sérias dificuldades financeiras, utilizou-se de um ardil para poder dispensar seus "colaboradores" por justa causa e, conseqüentemente, não ter que honrar com suas obrigações trabalhistas: acusou, dolosamente, os seus trabalhadores de furtarem equipamentos da empresa. Assim, sujeitou seus empregados a uma denúncia totalmente infundada, caluniosa, prevista no Código Penal, em seu art. 339. Esse é um caso emblemático, infelizmente não tão raro, de má-fé, de dolo. A reparação por dano moral, no âmbito trabalhista e a responsabilização penal não são passíveis de discussão. Contudo, faz-se necessário alertar que a comunicação de um crime à autoridade competente sujeita quem o faz à respectiva responsabilidade pelo resultado de sua conduta. Ou seja, não se pode acusar ninguém de um crime sem que se tenham indícios seguros de sua existência. Empresas que se conduzem levianamente nessa esfera arriscam-se a responder pela reparação por dano moral, mesmo que não haja dolo. Isso porque as conseqüências para o acusado são terríveis, não só pelo dano psíquico causado, mas também pela exposição a que o empregado se submete involuntariamente, o que dificulta uma futura recolocação profissional.

Findo o contrato de trabalho, a relação empregatícia se extingue, mas não a obrigação ética e moral, ou melhor, a obrigação de se respeitarem os direitos personalíssimos tutelados pelo ordenamento jurídico. Se a empresa despede o trabalhador sem justa causa, não tem sentido que *a posteriori* venha internamente a comprometer sua imagem perante seus ex-colegas (por meio do alarde de faltas graves do trabalhador), tampouco extramuros (mediante informações desabonadoras e, portanto, comprometedoras de sua empregabilidade na busca de nova colocação). Se o empregador assim proceder, essa conduta imprópria enseja indenização civil por dano moral.

O assédio moral contém dano, ou melhor, é uma constelação de danos morais, de microtraumas psíquicos. Poderíamos ainda afirmar que, de fato, apesar de *todo assédio moral conter um conjunto de danos morais embutidos em si mesmo, nem todo dano moral constitui, por si só, um assédio moral*. Dessa forma, embora sejam fenômenos que caminhem juntos de maneira compassada, são conceitos distintos e naturalmente acarretam conseqüências jurídicas diversas. Ampliando a interpretação, é possível afirmar que o assédio moral (e, por extensão, o sexual) é uma categoria ou espécie de dano moral que, devido a sua forma de expressão, temporalidade e freqüência, apresenta singularidades. O dano moral é gênero. Esse dispositivo jurídico está previsto na Constituição Federal e no Código Civil do Brasil.

Somente uma cuidadosa e responsável busca na coleta de dados e informações poderá discriminar o dano moral, produto de um ato isolado – que pode ser gravíssimo –, e um assédio moral, decorrente de um conjunto de danos morais com características e sinais específicos.

Consoante a Carta Magna, a indenização por dano moral é assegurada em decorrência da violação da intimidade, da vida privada, da honra e da imagem das pessoas. A Súmula n. 37 do Superior Tribunal de Justiça caminha na mesma direção. Assim, o dano moral passa a atingir toda e qualquer relação entre sujeitos do direito. Tal como já dissemos sobre o assédio moral, o dano moral já foi objeto de trabalhos estrangeiros e nacionais. Todavia, apesar da evolução dos estudos doutrinários sobre o assunto, não há, até hoje, um consenso em termos de definição e de conceito.

No Brasil, o primeiro processo trabalhista na abordagem do assédio moral ocorreu no estado do Espírito Santo e enquadra como assédio moral as humilhações sofridas por um publicitário:

> A tortura psicológica, destinada a golpear a auto-estima do empregado, visando forçar sua demissão ou apressar sua dispensa através de métodos que resultem em sobrecarregar o empregado de tarefas inúteis, sonegar-lhe informações e fingir que não o vê, *resultam em assédio moral, cujo efeito é o direito à indenização por dano moral*, porque ultrapassa o âmbito profissional, eis que minam a saúde física e mental da vítima e corrói a sua auto-estima. (Acórdão do Recurso Ordinário n. 1315.2000.00.17.00.1, relatado pela juíza Sônia das Dores Dionízio – o grifo é nosso)

A dúvida que se esboça é concernente aos limites, à competência, à "fronteira jurídico-epistemológica". Será que a Justiça do

Trabalho "pode aplicar" o artigo 216-A do Código Penal (assédio sexual)? Aplicar a pena de prisão? Embora a grande maioria dos juristas não veja com bons olhos essa possibilidade, pois alega que as questões relativas ao Direito Penal são por demais delicadas e, portanto, requerem um cuidado e um rigor processual maior que aqueles procedimentos demandados pela Justiça Laboral, essa discussão ainda está longe de seu fim. Segundo o Dicionário Jurídico da Academia Brasileira de Letras Jurídicas, o que não é motivo de discussão no mundo jurídico é a diferença entre responsabilidade civil e criminal. A primeira acarreta a indenização do dano causado e a segunda impõe o cumprimento da pena estabelecida em lei.

As exceções ocorrem em duas situações: a) se o assediado sofrer a violência por parte de um ou mais colegas e optar pela tutela cível; b) quando as lesões ocorrerem na fase pré ou pós-contratual e no caso de organizações autárquicas, criadas pela União Federal, que são regidas por regime estatutário próprio.

No nosso entender, esposando lógica jurídica semelhante, o patrão, em caso de omissão, no que concerne ao assédio moral, não tem dolo, mas tem culpa, por ter escolhido mal a pessoa a quem confiou a prática de uma função, como o empregado, o preposto etc. Vale a pena realçar que o conceito de culpa foi sendo introduzido na legislação moderna como um elemento subjetivo que passa a integrar a noção de responsabilidade. Esse reconhecimento de culpa se deve à evolução histórica de alguns conceitos do direito romano, concernentes ao que se denomina responsabilidade civil "extracontratual" ou "aquiliana". Essa responsabilidade dispensa a existência de um contrato formal entre as partes, já que pressupõe que a obrigação de não causar dano a alguém existe independentemente de uma responsabilidade contratual. Mas, nesse caso, a culpa deve ser sempre provada pela vítima. No caso de haver um contrato, a violação de um dever constitui o objeto do negócio jurídico e cabe à vítima comprovar que a obrigação contratual não foi cumprida. Ao devedor, só resta, como defesa, alegar que não agiu com culpa ou que ocorreu alguma causa excludente do nexo de causalidade.

O elemento que auxilia a discernir entre as modalidades de responsabilidade civil é a caracterização de culpa, a saber: a culpa *in vigilando* (ocorre quando aquele que deveria fiscalizar, assim não procede, negligenciando a atenção com o procedimento de outrem); a culpa *in eligendo* (dá-se pela má escolha ou pela eleição da pessoa a quem se confiou a prática de uma função – trata-se da culpa em eleger alguém sem a devida prudência); a culpa *in custodiendo* (caracteriza-se pela ocorrência de falta de cuidado em relação a coisas, animais e mesmo a pessoas que se encontrem sob a guarda do "tutor"); a culpa *in committendo* (revela-se no caso de imprudência); e, finalmente, a culpa *in omittendo* (ou seja, aquela proveniente de omissão, de abstenção).

A ciência jurídica sinaliza duas modalidades de responsabilidade civil: na primeira, a conduta ilícita tem presente o elemento culpa (no caso do procedimento ter sido motivado por imperícia, imprudência ou negligência), isto é, como as atitudes do agente influenciaram no prejuízo sentido pela vítima (dolosa ou culposamente); na segunda modalidade, ocorre a dispensa da existência de culpa, sendo suficiente o risco a outra pessoa para que o agente seja obrigado à reparação do dano. A primeira modalidade denomina-se responsabilidade subjetiva e seu princípio foi contemplado no artigo 186 do nosso Código Civil; é a regra geral no ordenamento jurídico brasileiro. A segunda intitula-se responsabilidade objetiva e seus pressupostos estão consagrados no artigo 927 do mesmo texto legal. Assim, na responsabilidade objetiva, faz-se mister a existência obrigatória da ação, do respectivo dano e do vínculo entre ambos. O artigo 927 do referido código, em seu parágrafo único, explicita os princípios norteadores da "teoria do risco" – responsabilidade objetiva – em oposição à teoria da culpa – responsabilidade subjetiva: "haverá obrigação de reparar o dano, independentemente de culpa, nos casos especificados em lei, ou quando a atividade normalmente desenvolvida pelo autor do dano implicar, por sua natureza, risco para os direitos de outrem". Como se vê, a reparação do dano comprovado não dependerá da prova da culpa do agente, bastando que se explicite o vínculo entre o referido dano e a ação. Portanto, sob essas determinadas condições, pode-se afirmar que poderá ocorrer a admissão da responsabilidade sem culpa. O inciso III do artigo 932 do Código Civil diz que "são também responsáveis pela reparação civil: o empregador ou comitente, por seus empregados, serviçais e prepostos, no exercício do trabalho que lhes competir, ou em razão dele". O que é ratificado pelo artigo subseqüente do mesmo código: as pessoas indicadas nos incisos I a V do artigo antecedente, ainda que não haja culpa de sua parte, responderão pelos atos praticados pelos terceiros ali referidos. Nos dois dispositivos jurídicos, fica evidente a influência da teoria da responsabilidade objetiva.

Resta perguntar quem será obrigado a reparar os prejuízos ocorridos, pois, como já vimos, empregador e empregado podem ser vítimas dessa peculiar forma de violência. Devem-se analisar e interpretar os elementos substantivos da agressão para que se possa pleitear uma eventual reparação. A identificação dos sujeitos (de quem parte a violência) e a direcionalidade (a quem é dirigida) é de fundamental importância. A agressão é dirigida ao empregado, ao colega que está na mesma posição ou ao superior hierárquico? A violência é proveniente do superior hierárquico, do colega hierarquicamente semelhante ou do subordinado? São questões preliminares para que se possa pensar nos pré-requisitos da responsabilidade civil, isto é, na existência de dolo ou culpa, ou melhor, na intencionalidade (quem assedia moralmente deseja fazer isso; em alguns casos, psicopatas corporativos narcisistas gostam que todos saibam que eles estão agredindo...); na ocorrência repetitiva e freqüente do dano (como as condutas abusivas não são pontuais, elas acontecem várias vezes por mês, por semana ou diariamente, o que faz com que o dano geralmente seja grande e leve a uma desestruturação psíquica considerável); e no nexo causal ou nexo de causalidade (que é a relação entre o comportamento do agente e o dano sofrido pelo agredido). Só é possível pleitear a responsabilidade civil analisando-se a relação que o agente teve com o evento danoso ao agir de determinado modo.

Aliás, a Resolução n. 1.488, de 11 de fevereiro de 1998, do Conselho Federal de Medicina, em seu artigo 2º ensina que: Art. 2º – Para o estabelecimento do nexo causal entre os transtornos de saúde e as atividades do trabalhador, além do exame clínico (físico e mental) e os exames complementares, quando necessários, deve o médico considerar:

I – a história clínica e ocupacional, decisiva em qualquer diagnóstico e/ou investigação de nexo causal;
II – o estudo do local de trabalho;
III – o estudo da organização do trabalho;
IV – os dados epidemiológicos;
V – a literatura atualizada;
VI – a ocorrência de quadro clínico ou subclínico em trabalhador exposto a condições agressivas;
VII – a identificação de riscos físicos, químicos, biológicos, mecânicos, estressantes e outros;
VIII – o depoimento e a experiência dos trabalhadores;
IX – os conhecimentos e as práticas de outras disciplinas e de seus profissionais, sejam ou não da área da saúde.

Não se deve esquecer também de considerar o fator tempo (duração do sofrimento da vítima) e a repetitividade da exposição dos trabalhadores a situações abusivas, de agressões, de humilhações, quando se tenta estabelecer o nexo de causalidade entre os transtornos de saúde e as atividades do empregado.

Na esteira desse raciocínio, surge a interpretação do assédio moral como acidente de trabalho, pois essa violência surge no trabalho, se dissemina por ele e em função dele; pode levar a disfunções orgânicas e psíquicas, a prejuízos funcionais, além de comprometimentos temporários ou permanentes na capacidade laboral do trabalhador. O artigo 7º da Carta Magna dá guarida a esse fato quando, em seu inciso XXVIII, prevê indenização, a cargo do empregador, quando este incorrer em dolo ou culpa. Ora, o Regulamento da Previdência Social, no seu anexo II, Lei n. 8.213, de 24 de julho de 1991, artigo 19, estipula que

> acidente de trabalho é o que ocorre pelo exercício do trabalho a serviço da empresa (...), provocando lesão corporal ou perturbação funcional que cause a morte ou perturbação ou redução, permanente ou temporária, da capacidade para o trabalho.

Já o artigo 21 da mesma lei determina:

> equiparam-se também ao acidente do trabalho, para efeitos desta Lei: (...) II - o acidente sofrido pelo segurado no local e no horário do trabalho, em conseqüência de: a) ato de agressão, sabotagem ou terrorismo praticado por terceiro ou companheiro de trabalho; b) ofensa física intencional, inclusive de terceiro, por motivo de disputa relacionada ao trabalho (...)

Com a séria e efetiva atuação do Ministério Público, muito de positivo tem sido feito em relação à classe trabalhadora. O Termo de Ajuste de Conduta (TAC) é resultante do compromisso tripartite, cuja celebração, se bem conduzida, pode trazer o esperado equilíbrio nas relações laborais. Ocorre quando a empresa reconhece o problema e faz acordo com o Ministério Público para resolvê-lo. Desse ato solene, participam o representante dos empregados, o MPT, e, logicamente, a empresa envolvida na questão.

Em nossa opinião, por dano moral, deve-se entender aquele causado ao patrimônio (bens) simbólico de uma pessoa, ou seja, a tudo aquilo que não tem preço, à sua dignidade. Todos os Direitos Humanos são imprescindíveis, pois concretizam a identidade e a dignidade humana. Os direitos essenciais da pessoa é que são vilipendiados no assédio moral. Se incluirmos o dano moral na mesma categoria do dano pessoal, ou melhor, na categoria dos direitos da personalidade, observaremos que, nessas formas de violência, todos os direitos da personalidade previstos na Constituição Federal do Brasil são passíveis de serem solapados. São eles, entre outros: o direito à vida; o direito à liberdade; o direito à intimidade; o direito à vida privada; o direito à honra (reputação); o direito à imagem; o direito moral de autor; o direito ao sigilo (privacidade); o direito à identificação pessoal; e o direito à integridade física e psíquica.

Não é por acaso que o novo Código Civil apresenta um Capítulo (II) sobre os Direitos da Personalidade, no qual se destaca o artigo 12: "Pode-se exigir que cesse a ameaça, ou a lesão, a direito da personalidade, e reclamar perdas e danos, sem prejuízo de outras sanções previstas em lei". No que concerne à pessoa jurídica, o artigo 52 do referido Código sinaliza: "Aplica-se às pessoas jurídicas, no que couber, a proteção dos direitos da personalidade". Como se pode constatar, apesar de a pessoa jurídica não possuir uma dimensão psíquica e uma honra subjetiva, ela deve zelar por sua imagem e reputação, isto é, ela não está imune a uma agressão à sua honra objetiva.

Os direitos de personalidade são inatos e fundamentais à realização humana. O estado, que protege o patrimônio e a integridade física dos cidadãos, não deve alienar-se ao deixar de proteger sua alma, sua integridade psíquica. A essência do Direito é o respeito integral a cada pessoa, como expressão universal da dignidade humana. Como já demonstramos, a Carta Magna garante a indenização por dano moral. Mas não é só ela que o faz. Outros dispositivos jurídicos abarcam, de modo direto ou indireto, o dano moral e o princípio da *restitutio in integrum*, lembrando-nos de que o vocábulo reparação (gênero) não é equivalente à indenização (espécie).

PODE HAVER DANO MORAL NA FASE DE SELEÇÃO DE PESSOAL?

Sim, pode, e, infelizmente, é mais costumeiro do que se pensa. Mesmo que a relação jurídica ainda não esteja consumada e a contratação formalizada, uma série de preconceitos e mesmo discriminações podem ocorrer na fase pré-contratual. É o caso da organização que submete o candidato à vaga de emprego ao exame de Aids, sem a autorização do interessado. Tal conduta demonstra a prévia intenção discriminatória do selecionador e infringe o disposto no artigo 5º da Constituição Federal, inciso XLI. Este prevê conduta discriminatória que constitua um atentado aos direitos fundamentais, no qual se inclui o direito à vida e ao trabalho. Há ainda o inciso XXXI do artigo 7º da mesma Carta, que veda qualquer discriminação, no âmbito das relações laborais, aos deficientes físicos. Esposando lógica jurídica análoga, podemos nos solidarizar com o trabalhador que seja despedido por ser acometido pela referida síndrome. Ninguém nega o direito do patrão de demitir sem justa causa. Mas além da análise da desumanidade e da frieza da atitude discriminatória, pede o senso de justiça que se considere que tal ato constitui um atentado ao direito das liberdades fundamentais. Portanto, qual desses direitos deve prevalecer? No nosso entender, o direito do empregador demitir, sem justa causa, deve sofrer limites, quando tal comportamento se fundamentar em motivos discriminatórios. O direito de demitir existe, mas, sob tais circunstâncias, constitui verdadeiro abuso de direito.

A mesma ilicitude se dá na fase admissional, quando se submete o aspirante a procedimentos que constituem uma verdadeira invasão de privacidade e um desrespeito no que concerne à sua intimidade. Não estamos afirmando que todo teste, entrevista, dinâmica de grupo ou mesmo prova situacional venham necessariamente a comprometer os Direitos de Personalidade da pessoa que se submete a eles. Não é isso. Porém, se estes atentarem contra a dignidade, produzirem humilhações ou tiverem um caráter discriminatório (o que não deve ser confundido com justo critério seletivo), não devem ser aceitos como instrumentos técnicos de avaliação para fins admissionais de emprego. Perguntas desnecessárias sobre a opção política do cidadão, sua profissão de fé ou até mesmo relativas à orientação sexual do candidato em nada contribuem para um bom processo seletivo e causam um constrangimento pessoal inadmissível, maculando, desde o início, a imagem da organização. O mais irritante é que muitas vezes tais "provas de avaliação" vêm ungidas de cientificidade, prestando um grande desserviço para aqueles profissionais que criteriosamente utilizam verdadeiros procedimentos técnico-científicos e de sua sensibilidade para alcançar o objetivo perseguido. Daí porque boa parte dos juristas não vê com bons olhos a utilização do polígrafo (detector de mentiras). Na maior parte das vezes, a acoplagem de aparelhos, capazes de identificar reações emocionais mediante monitoramento da pressão arterial, índice de sudorese e outras variáveis é tão vexatória que, *de per si,* compromete o resultado do método de busca da verdade. Ademais, além de ser afrontoso à dignidade do candidato, o polígrafo não goza, até o momento, de respaldo científico no que concerne à sua confiabilidade. O candidato que se vê obrigado a submeter-se à "prova da verdade" já inicia o processo em condições psicológicas desfavoráveis e, infelizmente, em alguns casos esse instrumento acaba sendo utilizado para outro fim diverso de sua função original. Serve como chancela científica de legitimação de procedimentos discriminatórios, flagrantemente ilegais, que, por isso mesmo, têm que ser camuflados.

Obviamente, o detector de mentiras também não deve ser usado na vigência do contrato laboral, pois quando o candidato se torna empregado não abdica de seus direitos fundamentais da personalidade, como o direito à imagem, à intimidade e à honra. Essa pode ser subjetiva ou objetiva. A primeira relaciona-se à idéia de que o sujeito faz de si; a segunda concerne à concepção que os outros fazem do sujeito. No presente caso, as duas são afetadas. A subordinação no contrato de trabalho não abarca a pessoa do trabalhador, mas somente o seu trabalho, ou melhor, sua força-de-trabalho.

Em tempos de "Big Brother", fazem-se necessárias algumas considerações a respeito da fiscalização do trabalho por meios eletrônicos. Também aqui, tal como no caso do polígrafo, o direito à intimidade deve prevalecer. Como já manifestamos, a entrada do trabalhador na empresa não lhe subtrai os direitos da personalidade. Na Itália, por exemplo, país de sindicatos fortes e atuantes, a fiscalização por qualquer meio eletrônico é totalmente proibida. Não se discute. Na maioria dos países, essa conduta só não se torna um ilícito se for devidamente acompanhada de uma comunicação anterior à sua instalação. O controle eletrônico camuflado, tal como o circuito fechado de televisão mediante câmeras ocultas nos banheiros, sanitários, vestiários, restaurantes, lanchonetes e mesmo nos shoppings está vetado na maior parte dos países de sistemas democráticos, ensejando reparação por dano moral. De modo análogo, a magistratura tem interpretado os casos de escuta telefônica e outros meios eletrônicos, o que não quer dizer que o empregado tudo possa fazer ou deixar de fazer. Assim, este não goza da prerrogativa de utilizar o computador da empresa para visitar sites pornográficos ou para jogar paciência, quando há muito trabalho a ser feito. Aí sim, o poder diretivo do empregador pode fazer-se valer.

Felizmente, algumas solicitações estão expressamente proibidas por lei, tanto na fase de admissão como na vigência do contrato. A proibição de requisição de exame para diagnóstico de esterilidade ou de gravidez está regulamentada no art. 373-A da Consolidação das Leis do Trabalho (CLT) em seu inciso IV, que foi acrescentado pela Lei n. 9.799, de 26 de maio de 1999. O mesmo artigo, no seu inciso VI, também veda as revistas íntimas nas empregadas ou funcionárias, mesmo que a revista seja visual e que apenas parte do corpo do empregado seja objeto de inspeção pelo empregador ou por seu preposto (supervisor, segurança etc.). Embora o art. 373-A esteja inserido no Capítulo da Proteção do Trabalho da Mulher, o parágrafo único desse dispositivo alerta que "o disposto neste artigo não obsta a adoção de medidas temporárias que visem ao estabelecimento das políticas de igualdade entre homens e mulheres (...)". Ocorre aqui uma clara alusão ao amparo legal à também delicada condição masculina nessas situações, um cuidado que já começa ser tomado na formação da jurisprudência brasileira. Somente em raríssimos casos e com severas restrições, tal como é admitido até em relação ao asilo domiciliar e ao sigilo da correspondência – incisos XI e XII do art. 5º da Lei Fundamental –, esse tipo de revista tem sido aceita pela Justiça. É o que diz respeito a algumas organizações que trabalham com medicamentos extremamente caros, drogas geralmente cobiçadas pelo narcotráfico etc. Não há como negar que, nesses casos, a fiscalização deva ser rigorosa, e existe considerável tendência na magistratura a admitir a revista como último recurso; mesmo assim, deve dar-se mediante métodos razoáveis, de modo não vexatório e humilhante, respeitando-se a intimidade e a honra do empregado. Caso isso não ocorra, não resta dúvida da caracterização de dano moral. Não podemos concordar com a supervalorização do patrimônio em detrimento da dignidade humana.

Ainda temos o caso de quebra de palavra ou de descumprimento de ajuste verbal com sérias conseqüências para o trabalhador. Embora saibamos da dificuldade de se provar o nexo causal nesses casos, julgamos que, se devidamente comprovada a conduta antiética e ilícita da organização, esta tem a obrigação de indenizar o trabalhador por danos materiais e, em alguns casos, por danos morais, quando este, seduzido pelas propostas tentadoras dessa empresa, abandonou seu trabalho anterior, e, após ajuste verbal, não viu sua contratação efetivada. Muitas vezes, tais condutas constituem verdadeiros "cantos de sereia" que acarretam para a pessoa candidata despesas significativas com viagens, mudanças, ajustes familiares etc. Isso sem falar do aborrecimento e, em algumas situações, da dor e do medo de não ter mais para onde ir. No nosso entender, merece tratamento semelhante a pessoa aprovada em concurso público que, depois de receber a confirmação da data para assumir o cargo, tem sua convocação sustada.

Se o escudo do direito protege em toda fase pré-contratual, também dá guarida no que concerne à nossa imagem, reputação e respeito. Assim, a empresa não pode divulgar as causas que a levaram a não escolher um candidato (como possíveis exemplo citamos: por ser portador do vírus HIV, por ser vítima de uma doença degenerativa – como artrose, esclerose múltipla, diabetes etc., ou mesmo por orientação sexual diferente da maior parte da população). Tais fatos são de foro íntimo da pessoa e sua revelação a terceiros constitui uma violação à privacidade da mesma. Se o fizer, a organização poderá responder por danos morais.

A partir de uma interpretação sistemática da nossa doutrina, podemos afirmar, em síntese, que, no âmbito trabalhista, o dano moral pode ser infligido nestas três fases: pré-contratual, contratual e pós-contratual (Pedreira, 1991, p. 554). Na fase anterior ao vínculo empregatício, embora inexista relação de emprego, atos discriminatórios não devem ser tolerados e devem ser evitadas indagações pessoais concernentes à crença religiosa, orientação sexual, filiação sindical, opiniões políticas ou perguntas com conotações racistas. Na Itália, por exemplo, a argüição sobre opiniões pessoais dessa ordem é legalmente vetada.

Na fase contratual, como já vimos, a revista pessoal, exceto quando feita a todos os trabalhadores e de forma respeitosa, é ilícita, o mesmo valendo para o rebaixamento de função, mesmo com o "consentimento" do empregado, exceto se este exercia anteriormente função de confiança e volte ao cargo efetivo, anteriormente ocupado (artigo 468 da CLT). Além disso, a comunicação mentirosa de abandono de emprego em veículos de comunicação, com o objetivo de configurar justa causa por abandono de emprego (artigo 482 da CLT) e as anotações desabonadoras à conduta do trabalhador na Carteira de Trabalho e Previdência Social são legalmente vedadas. Isso por dificultarem, o que ocorre no caso do registro em carteira, o discernimento de observações verdadeiras e objetivas de outras, tendenciosas e inverídicas. Também a despedida caluniosa, difamatória ou injuriosa, escoltada por condutas abusivas, atos humilhantes, palavras de baixo calão com a efetiva intenção dolosa de lesar a imagem do trabalhador perante seus pares, dificultando sua futura carreira, mediante acusações infundadas, pode infligir dano moral ao trabalhador. Portanto, o desligamento com caráter discriminatório, tal como a dispensa imotivada do trabalhador portador do vírus HIV ou daquele que por infortúnio acidentou-se ou adquiriu uma doença ocupacional, prejudicando sua capacidade laborativa, lesa o patrimônio moral dos empregados.

A despedida indireta ou "demissão forçada" é uma maneira dissimulada de dispensa. Em vez de rescindir o contrato, o empregador pode optar por procedimentos mais "criativos" e camuflados, desgostando o trabalhador de tal forma que este prefere abrir mão de seu emprego a continuar submetido às condutas abusivas que lhe são impostas. Segundo o artigo 483 da CLT, "o empregado poderá considerar rescindido o contrato e pleitear a devida indenização quando (...)" o empregador cometer uma ou mais faltas estipuladas no referido texto legal, lembrando que "um só ato apresenta gravidade suficiente para caracterizar a justa causa, dada a natureza da infração" (Giglio, 1995, p. 392).

Na fase pós-contratual, em período posterior da extinção do contrato de trabalho, também há a hipótese de ocorrência de dano moral trabalhista. Um bom exemplo é o concernente à propagação das pejorativamente chamadas listas negras. Embora essa propaganda difamatória decorra em função de uma relação trabalhista já extinta, é a identidade profissional e a dignidade do cidadão que estão em jogo. Mais do que isso, tais procedimentos criam obstáculos significativos a futuras contratações, ensejando a reparação em nível material e moral. Portanto, advogamos que as referências prestadas pelo ex-patrão devem ser objetivas e relativas à sua conduta profissional e não pertinentes à sua vida privada. A indenização por dano moral poderá ser pleiteada em caso de informações inverídicas ou desabonadoras que, por sua própria natureza, não possam ser objeto de contraprova.

Como já dissemos, a humilhação e a discriminação são elementos constitutivos do assédio moral. Muitas vezes, quando o trabalhador não consegue atingir as metas estabelecidas ou mesmo para que se sinta "estimulado" a cumpri-las, instituem-se pilhérias vexatórias, que sujeitam o empregado ao burlesco. Determinadas "brincadeiras inocentes", como ser obrigado a desfilar trajando roupas femininas (vestidinhos e batom para os homens); manusear pênis de borracha (brancos ou negros, dependendo da cor da sua pele); usar orelhas de burro; dançar sensualmente na presença de colegas; fazer flexões na boca da garrafa (simulando a "dança da garrafa"); desempenhar papel de pierrô; ter sua mesa adornada por bichos como tartaruga, lagartixa, preguiça, ou até mesmo passear com um bode pelo local de trabalho, são alguns dos expedientes ainda usados no Brasil nessa forma de gestão por humilhação. Houve o caso de uma empresa cujos dirigentes, provavelmente rememorando os tempos de senzala, chegaram a amarrar as pernas de algumas funcionárias nas máquinas que operavam, até que estas "dessem produção"! Ficavam impedidas de abandonar o posto antes que a meta fosse cumprida. Mas nem sempre os métodos são tão grotescos, o que não quer dizer que suas conseqüências não sejam igualmente desastrosas. Expor publicamente na intranet o resultado da avaliação de seu "pior gerente", tal como fez um grande banco, equivale a um verdadeiro assassinato corporativo e profissional.

Deixemos clara a nossa posição. A organização tem o direito de estipular metas e, em alguns casos, tem até a obrigação de fazê-lo, pois, muitas vezes, sua sobrevivência como empresa capitalista é condicionada a tal fato; faz parte da responsabilidade e do risco dos gestores. O que é fundamental é que as metas sejam possíveis de serem atingidas. Mas isso não basta. Para que isso ocorra, a dignidade e a saúde física e mental dos empregados não deverão ser sacrificadas. Não é admissível um clima de pressão e de competição interna que leve as pessoas ao paroxismo, em uma verdadeira histeria coletiva, em meio à qual a instrumentalização do outro torne-se a regra e a destruição dos verdadeiros laços afetivos seja precedida por um longo período de cinismo.

O mesmo raciocínio é válido para os processos de avaliação. A avaliação não é necessariamente algo danoso às pessoas, mas poucos gostam de ser testados e isso deve ser considerado. Quando é feita de forma respeitosa, transparente e propicia uma devolutiva ao avaliado, pode mesmo ter função pedagógica, permitindo que o sujeito se aperceba de seus méritos e qualidades e descubra onde pode melhorar.

Ressaltamos, mais uma vez, que *todo dano psíquico é dano moral; porém, nem todo dano moral é necessariamente dano psíquico.* Assim, parece-nos conveniente a análise criteriosa feita por profissional da área da saúde (médico e/ou psicólogo) sobre as condições psicológicas do sujeito, ou seja, sobre o dano psíquico. É conveniente a lembrança de que o assédio moral não constitui em si uma doença, mas gera graves doenças, que podem levar ao suicídio. Isso não pode ficar impune, pois as nossas pesquisas em todo o território nacional nos autorizam a afirmar que essa prática cruel está disseminada em todas as organizações, quer públicas ou privadas.

Como mensagem final deste capítulo, gostaríamos de acrescentar que nosso intuito não é o julgamento ou a condenação de pessoas ou de corporações. O que perseguimos e desejamos é que gestores e trabalhadores sejam capazes de refletir e de responder sobre o aspecto ético de suas palavras, gestos e atos; conseguiríamos, assim, uma efetiva mudança de comportamento no contexto inter-relacional dentro do ambiente de trabalho.

capítulo 6

Sobre a prevenção e o combate

Ao longo desta obra, temos assumido que a nova organização do trabalho gera um terreno que favorece a emergência e a elevação da violência no ambiente de trabalho; o assédio moral é uma das faces dessa violência, com diferentes níveis de conseqüências. Pesquisas realizadas mundo afora dão conta de que esse é um fenômeno mundial que tem preocupado estudiosos de diversas áreas e organismos multinacionais de proteção ao trabalhador no âmbito dos direitos humanos.

Também consideramos que as organizações e as pessoas envolvidas em práticas de assédio moral não estão isentas de suas responsabilidades, que envolvem aspectos organizacionais, legais e morais. Em relação às respostas organizacionais, mesmo no contexto da organização do trabalho e da violência como fenômeno genérico, é importante atuar em duas frentes: a da prevenção e a do combate. A primeira implica a construção de uma nova mentalidade no ambiente de trabalho, a partir da qual alguns termos precisam ser redefinidos se considerarmos verdadeira a assertiva que diz serem as equipes instrumentos mais eficazes de melhoria de *performance*. A segunda frente refere-se ao presente imediato, que precisa de instrumentos e mecanismos de controle e punição aos responsáveis por essas práticas perversas.

No Capítulo 3 deste livro ("O assédio moral como um problema organizacional"), expusemos algumas das mais sérias condições organizacionais que fomentam o assédio moral. Diagnosticar as causas dessa moléstia é a arma principal para a sua eliminação. Compreendemos que não temos o poder de interferir em algumas causas que levam ao assédio moral, mas é possível agir para minorar os efeitos de políticas nocivas aos trabalhadores. Por exemplo, não se podem barrar os processos de fusão de empresas ou as incorporações tecnológicas que implicam demissões, mas pode-se agir corretamente com as pessoas afetadas. Assim, no processo de demissão, a dignidade e os direitos do funcionário não deverão ser esquecidos, agindo-se sempre em um contexto de transparência. Isso porque uma demissão pode ser superada, desde que não seja humilhante e indigna em relação ao passado dedicado de um ex-colaborador. Um desligamento desrespeitoso faz com que o trabalhador se sinta mutilado, restando aos seus colegas observadores um sentimento de injustiça e o medo derivado do efeito espelho, pois amanhã aqueles que ficaram poderão ser tratados da mesma forma.

Além disso, o empregador deve manter boas condições de segurança e higiene e zelar para que o local de trabalho não se transforme em lugar perigoso à vida e à saúde dos seus trabalhadores. A defesa de um ambiente laboral seguro e com boas condições é um direito inerente a todos os que trabalham. Ou seja, zelar na prática diária pela integridade e pela saúde dos trabalhadores, não omitindo doenças e não demitindo os adoecidos, não constitui uma caridade ou um ato virtuoso e sim um dever ético-jurídico.

As políticas relacionadas ao bem-estar do pessoal, à mediação de conflitos e ao zelo pelo clima organizacional podem não apenas reparar erros atuais, mas também auxiliar na construção de um ambiente mais saudável, de forma que se possa falar em qualidade de vida no trabalho sem nenhuma ambigüidade ou dubiedade. Erradicar a cultura da impunidade, da falta de respeito, da promiscuidade e da indigência moral no ambiente de trabalho é tarefa coletiva, que precisa da cooperação dos ocupantes de cargos mais elevados, pois os subalternos esperam que venha de cima a certeza de que o assunto será tratado seriamente e sem omissões. Um discurso desmentido pela prática pode ter efeitos ainda mais devastadores do que o silêncio organizacional.

A OIT sugere que as respostas organizacionais tenham enfoque nas causas dos problemas e não apenas em seus efeitos; que levem em consideração que nem toda violência pode ser resolvida da mesma maneira; que é necessário desenvolver abordagens específicas para cada caso; que é importante e eficaz combinarem-se diferentes tipos de respostas, ou seja, deve-se atuar simultaneamente em várias frentes; que a demora na tomada de decisões causa sérios prejuízos devido ao contágio e à reprodução de determinada prática; que é importante o envolvimento de todos (direta ou indiretamente afetados) e a conscientização de que a violência tem efeitos perversos que se espalham de forma mais profunda quanto mais longa for a sua duração. Isso leva a crer que, nesse contexto, as medidas conjunturais podem não ser suficientes, sendo necessária uma intervenção em nível estrutural ou mais profundo que apenas no nível do comportamento violento identificado.

O relatório de "recomendaciones prácticas sobre la violencia y el estrés en el trabajo en el sector de los servicios: una amenaza para la productividad y el trabajo decente", elaborado pelos pesquisadores da OIT, pode servir de guia para as ações, respeitando-se e levando-se em consideração as recomendações dos trabalhadores. Para esses pesquisadores, o combate ao assédio moral no local de trabalho passa por ampla sensibilização de todos, da mais alta hierarquia ao chão de fábrica, assim como por mudanças efetivas na forma de gerenciar pessoas. As diretrizes devem enfatizar os princípios do trabalho digno, estimulando a criação de uma cultura de respeito ao outro e a não discriminação no trabalho, tudo isso associado ao fortalecimento da cooperação, da igualdade de oportunidades e à aplicação de uma política de igualdade de gênero e raça, que elimine as distorções e os atos de intolerância.

Com essa finalidade, a Agência Européia de Segurança e Saúde no Trabalho propõe: ações preventivas que estimulem as pessoas a escolher a forma de realizar o seu trabalho; redução na quantidade de tarefas monótonas e repetitivas; aumento de informações sobre os objetivos organizacionais; e o desenvolvimento de um novo estilo de liderança empresarial e de uma nova cultura organizacional.

A nossa experiência permite afirmar que essas recomendações constituem um legítimo desejo da classe trabalhadora brasileira. Sabemos, entretanto, que as condições e as relações trabalhistas latino-americanas, excepcionalmente precárias, possuem especificidades e características muitas vezes estranhas à realidade dos países que formataram essas resoluções. O que, até certo ponto, explica a razão de uma perversão *sui generis* na forma de como, às vezes, o assédio moral se expressa em nosso país. E, por isso, medidas iniciais contra as manifestações de violência no local de trabalho, antes mesmo que se configure o assédio moral, devem ser tomadas. É na fase de conflito que a prevenção primária deve se fazer sentir. Não basta somente a boa vontade, pois, ironicamente, em algumas empresas onde os discursos da responsabilidade social, da sustentabilidade e da qualidade de vida são costumeiros, ocorrem procedimentos medievais em termos de relações de trabalho em pleno século XXI. Algo difícil de se acreditar, mas real.

Uma política de prevenção e de combate ao assédio moral deve ser abrangente e assumir o caráter informativo, administrativo, jurídico e/ou psicológico. Portanto, é fundamental que os diversos grupos organizacionais sejam envolvidos na definição e na criação de instrumentos para se lidar com as ocorrências, sua apuração e avaliação. Em paralelo, múltiplas ações são possíveis: a constituição de um comitê multidisciplinar formado por profissionais que gozem de credibilidade junto às pessoas da organização (médicos, psicólogos, assistentes sociais, dirigentes sindicais e sindicalistas); a não estimulação de ocorrências, deixando clara a sua reprovação pelo código de conduta da empresa, a exemplo do que têm feito muitas corporações; a disponibilidade de ferramentas para denúncia e apuração, por exemplo, a caixa de sugestões, as plataformas informatizadas que propiciem denúncias anônimas e a promoção de *workshops* para todos os funcionários e gestores de diversas áreas e não apenas de recursos humanos; a ampla divulgação da mensagem do presidente ou do chefe principal da organização, apoiando tais medidas; a divulgação de ações e de casos exemplares; a utilização de metodologias lúdicas, como teatro para análise e popularização do tema no ambiente de trabalho; a criação de ouvidoria ou a existência de *ombudsman* para avaliar permanentemente as ações do referido comitê multidisciplinar, com membros rotativos e eleitos, de forma que todas as unidades da organização possam participar diretamente; o uso de cartilhas e da intranet para mensagens explicativas sobre o tema e as formas de procedimento, caso uma pessoa seja vítima ou testemunhe a ocorrência do fenômeno.

Uma parte desses instrumentos, como a informação e a disseminação do que se pode fazer em relação às causas e às conseqüências do assédio, pode, e deve, ser discutida pelos membros internos e externos à organização. É o que Dejours, em várias de suas obras, chama de espaço público ou espaço de discussão, no qual a "ação comunicativa" torna possível a constituição da razão comunicativa, nas palavras de Habermas. Caso medidas de prevenção primária não tenham sido adotadas na empresa, haverá, como conseqüência, o surgimento de doenças, o que a obrigará a colocar imediatamente em ação medidas preventivas secundárias e/ou terciárias. Medidas preventivas primárias têm como objetivo a informação e a sensibilização em todos os níveis da organização, sem desconsiderar o estímulo às atitudes respeitosas nas relações. É imprescindível a criação de um grupo que investigue cautelosamente as causas da violência e reflita sobre a necessidade de ser criado um "espaço de confiança", no qual as pessoas que se julguem vítimas de condutas abusivas possam se expressar, sem medo de retaliações ou desqualificações.

Assim, é importante que as queixas iniciais sejam ouvidas e consideradas, procedendo-se medidas cabíveis.

Quando ocorre a adoção de medidas secundárias e terciárias, já existe a real necessidade de afastamento da pessoa desestabilizada emocionalmente. Cabe ao médico e ao psicólogo da organização avaliar criteriosamente cada caso, respeitando a opinião da vítima quanto a esse assunto. Nesses casos, faz-se necessária a emissão de uma Comunicação de Acidente do Trabalho (CAT), especialmente em episódios de estresse pós-traumático, *burn-out*, síndrome do pânico, depressão e outros transtornos, conseqüências das violências sofridas. É importante assinalarmos que cabe especialmente aos médicos e aos psicólogos diagnosticarem e notificarem os casos de adoecimento, além de sensibilizarem o empregador para que não meça esforços que favoreçam a instauração de medidas preventivas primárias, que visem bloquear o aparecimento do assédio moral e da violência psicológica no ambiente de trabalho

Considerando esse quadro, os gestores são responsáveis pela intervenção na organização do trabalho, modificando-a no sentido de torná-la menos indutora de violência e mais geradora de processos colaborativos. Se medidas preventivas iniciais forem tomadas de maneira efetiva, dificilmente chegaremos a situações extremas, como a ocorrência de depressão maior e até mesmo do suicídio.

É preciso ter-se claro que os códigos de conduta e os códigos de ética não isentam a empresa de suas responsabilidades em casos de ocorrência de assédio moral, especialmente quando outras medidas não foram tomadas e/ou a organização foi conivente ou negligente. Por isso, reafirmamos que quanto maior o compromisso de todos, mais a organização poderá se orgulhar de ter feito o que é moralmente correto, economicamente mais barato e legalmente mais justo. E, finalmente, advertimos que a escuta da vítima é fundamental, pois humaniza, dá voz ao silêncio e permite o melhor entendimento do processo gerador do sofrimento psíquico.

Bibliografia Comentada

BARRETO, M. *Assédio moral*: a violência sutil. São Paulo, 2005. Tese (Doutorado em Psicologia Social) – Pontifícia Universidade Católica de São Paulo.

A tese discute a violência psicológica e o assédio moral no trabalho, com base em uma pesquisa empírica realizada com 10.600 trabalhadores no Brasil, que declararam ter sofrido, em algum momento de sua vida profissional, humilhações repetitivas e sistemáticas, associadas à discriminação no trabalho.

DE GAULEJAC, V. *La société malade de la gestion*. Paris: Seuil, 2005.

Análise do cenário socioeconômico atual marcado pelo paradoxo e por uma forma de gestão que assume ares de ideologia, legitimando a abordagem instrumental, utilitarista e contábil nas relações do indivíduo com a sociedade e justificando a guerra econômica como álibi para a violência.

FREITAS, M. E. A metáfora da guerra e a violência no ambiente de trabalho. In: CARRIÈRI, A. A.; SARAIVA, A. A. *Simbolismo organizacional no Brasil*. São Paulo: Atlas, 2007.

Debate e critica o uso corrente da metáfora da guerra no ambiente organizacional e o rico simbolismo que ela é capaz de originar.

A guerra fornece um álibi permanente para que, em um ambiente cada vez mais competitivo, os grupos e indivíduos se comportem de maneira violenta e reprovável sem maiores resistências.

HELOANI, R. *Gestão e organização no capitalismo globalizado*. 2. ed. São Paulo: Atlas, 2007.

A tese que fundamenta esse livro refere-se ao "eterno retorno" das formas de controle presentes desde o taylorismo (inclusive o soviético), no fordismo, no toyotismo e nos modelos "flexíveis".

HIRIGOYEN, M.-F. *Mal-estar no trabalho*: redefinindo o assédio moral. Rio de Janeiro: Bertrand Brasil, 2002.

A autora foi responsável pela popularização do termo no mundo; consagra este livro ao detalhamento de conceitos, métodos e situações organizacionais, de forma a se evitar equívocos e banalizações das ocorrências do fenômeno em virtude da confusão com outras formas de violência.

Referências Bibliográficas

ADAMS, S. *Princípio Dilbert*. Rio de Janeiro: Ediouro, 1997.

ADAMS, A.; BRAY, F. Holding out against harassment and bullying. *Personel Management*, v. 24, n. 10, p. 48-52, out. 1992.

______. *The Andrea Adams Trust*. Disponível em: www.andrea-adamstrust.org. Acesso em 20 nov. 2006.

AGUIAR, A. L. S. *Assédio moral nas organizações*: estudo de caso dos empregados demitidos e em litígio judicial trabalhista no Estado da Bahia. Salvador, 2003. Dissertação (Mestrado em Administração) – Universidade Salvador, Unifacs.

ALMEIDA, C. *Assédio moral nas organizações*: a sistematização de um campo em construção. São Paulo, 2007. Dissertação (Mestrado em Administração) – Fundação Getulio Vargas, Escola de Administração de Empresas de São Paulo, São Paulo.

ALMEIDA, A. O.; ALMEIDA, G. J. A violência na perspectiva de uma psicologia social do desenvolvimento. In: SOUZA, L.; TRINDADE, Z. A. (orgs.). *Violência e exclusão*. São Paulo: Casa do Psicólogo, 2004.

ALVAREZ, A. *O Deus selvagem*. Um estudo do suicídio. São Paulo: Cia. das Letras, 1999.

APPAY, N. *La dictature du success*. Paris: L'Harmattan, 2005.

ARENDT, H. *Sobre a violência*. Rio de Janeiro: Relume-Dumará, 1991.

AUBERT, N.; DE GAULEJAC, V. AUBERT *Le coût de l'excellence*. Paris: Seuil, 1991.

BARRETO, M. S. *Uma jornada de humilhações*. São Paulo, 2000. Dissertação (Mestrado em Psicologia Social) – Pontifícia Universidade Católica de São Paulo.

______. *Assédio moral*: a violência sutil. Análise epidemiológica e psicossocial no trabalho. São Paulo, 2005. Tese (Doutorado em Psicologia Social) – Pontifícia Universidade Católica de São Paulo.

BITTAR, C. A. Reparação civil por danos morais. *Revista dos Tribunais*, AASP, São Paulo, n. 44, 1994.

BOBBIO, N. *A era dos direitos*. Rio de Janeiro: Campus, 1992.

______. *Liberalismo e democracia*. São Paulo: Brasiliense, 1993.

BONA-MONATERI, O.; MAZZAMUTO, S. *Il mobbing*. Milão: Giuffré, 2004.

BREITH. J. *Epidemiologia*: economia, política e saúde. São Paulo: Unesp/Hucitec, 1991.

BRIDGES, W. *O mundo sem empregos*. São Paulo: Makron, 1995.

CAHALI, Y. S. *Dano moral*. São Paulo: Revista dos Tribunais, 2000.

CAMINO, L.; ISMAEL, E. *A psicologia social e seu papel ambíguo no estudo da violência e dos processos de exclusão*. In: SOUZA, L.; TRINDADE, Z. A. (orgs.). *Violência e exclusão*. São Paulo: Casa do Psicólogo, 2004.

CANGUILHEM, G. *O normal e o patológico*. 6. ed. Rio de Janeiro: Forense, 2006.

CARROL, B. *The harassed worker*. Lexington, Ma, DC: Heat and Co., 1976.

CASTORIADIS, C. *La crise du processus identificatoire*. Conexions. *Éres*, Paris, n. 55, p. 123-36, 1990.

______. *La Montée de l'insignificance*. Carrefour du labyranthe IV. Paris: Seuil, 1996.

CLANCE, P. R. *Le complexe d'imposture*. Paris: Flammarion, 1986.

COSTA, J. F. *Violência e psicanálise*. 3. ed. Rio de Janeiro: Graal, 2003.

DAVENPORT, N.; SCWARTZ, R. D.; ELLIOT, G. P. *Mobbing*: Emotional Abus in the American Workplace. Estados Unidos, Civil Society Pub., 2002.

DE GAULEJAC, V. *La société malade de la gestion*. Paris: Seuil, 2005

DE GAULEJAC, V.; LÉONETTI, I. T. *La lutte des places*. Paris: Desclée de Brouwer, 1994.

DEJOURS, C. *Soufrance en France*. Paris: Seuil, 1998.

DEJOURS, C.; DESSORS, D.; DESRIAUX, E. *Por um trabalho, fator de equilíbrio*. *RAE-FGV*, São Paulo, v. 33, n. 3, p. 98-104, 1993.

DEL PRIORE, M. (org.). *História das mulheres no Brasil*. São Paulo: Contexto, 2004.

DIAS, J. A. *Da responsabilidade civil*. Rio de Janeiro: Forense, 1995. v. II.

DI MARTINO, V. *Violence at the workplace*: The global challenge. International Conference on Work Trauma. *Anais*... Joanesburgo, 2000.

DINIZ, M. H. *Responsabilidade civil*. São Paulo: Saraiva, 1988.

ENGELS, F. O papel da violência na história. In: MARX, K.; ENGELS, F.; LENIN, W. *Escritos militares*. São Paulo: Global, 1981.

ENRIQUEZ, E. O trabalho de morte dentro das organizações. In: KAËS, R. et al. *A instituição e as instituições*. São Paulo: Casa do Psicólogo, 1991. p. 53-80.

______. *L´organisation em analyse*. Paris: Puf, 1992.

______. Les enjeux ethiques dans les organisations modernes. *Sociologie & Sociétés*, v. XX, n. 1, p. 25-38, 1993.

______. O homem do século XXI: sujeito autônomo ou descartável. *RAE-FGV-Eletronica*, São Paulo v. 5, n. 1, jan.-jun. 2006.

ENRIQUEZ, E.; HAROCHE, C. *La face obscure des démocracies modernes*. Ramonville Saint-Agne, 2002.

ESPINOSA, B. *Tratado teológico-político*. Madri: Alianza, 1992.

FADIMAN, J.; FRAGER, R. *Teorias da personalidade*. São Paulo: Habra, 1986.

FELKER, R. *O dano moral, o assédio moral e o assédio sexual nas relações de trabalho*. São Paulo: LTr, 2006.

FREITAS, M. E. Assédio sexual: a proposta perversa. São Paulo, *RAE Light-FGV*, São Paulo, v. 3, n. 3, p. 4-9, jul.-set. 1996.

______. Assédio sexual e moral: faces do poder perverso nas organizações. *RAE-FGV*, São Paulo, v. 41, n. 2, p. 8-19, abr.-jun. 2001.

______. Existe uma saúde moral nas organizações? *O&S*, Salvador, v. 12, n. 32, p. 13-27, jan.-mar. 2005.

______. A gestão contemporânea está doente? In: VILLARTA et al. *Qualidade de vida e fadiga institucional*. Campinas: IPES, 2006. p. 47-72.

______. *Cultura organizacional*: Identidade, sedução e carisma. Rio de Janeiro: FGV, 1999.

______. A metáfora da guerra e a violência no mundo do trabalho. In: CARRIERI, A. P.; SARAIVA, A. *Simbolismo organizacional*. São Paulo: Atlas, 2007a.

______. Quem paga a conta do assédio moral? São Paulo: FGV, *RAE-eletronica*, São Paulo, v. 6, n. 1, jan.-jun. 2007b.

______. *Cultura organizacional*: Evolução e crítica. São Paulo: Thomson, 2007c.

FORRESTER, V. *O horror econômico*. São Paulo: Unesp, 1997.

GALINZKY, Y.; BOND, J. T.; FRIEDMAN, D. E. *Highlights*: The National Study of the Changing Workforce. Nova York: Families and Work Institute, 1993.

GIGLIO, W. *Justa causa*. São Paulo: LTr, 1995.

GLASSNER, B. *Cultura do medo*. São Paulo: Francis, 2003.

GUEDES, M. N. *Terror psicológico no trabalho*. São Paulo: LTr, 2005.

HENDLIN, S.J. *Lês pièges de la perfection*. Paris: Puf, 1992.

HELOANI, J. R. M. *Gestão e organização do capitalismo globalizado*. São Paulo: Atlas, 2003.

_____. Violência invisível. *RAE executivo-FGV*, São Paulo, n. 3, jul.-ago. 2003.

_____. Assédio moral: um ensaio sobre a expropriação da dignidade no trabalho. *RAE-Eletrônica*, São Paulo, v. 3, n. 1, jan.-jun. 2004.

_____. Assédio moral: a violência invisível. *Psicologia Brasil*, São Paulo: Criar, n. 33, p. 7-11, ago. 2006.

HIRIGOYEN, M.-F. *Harcélement moral*: La violence perverse au quotidien. Paris: Syros, 1998.

_____. *Malaise dans le travail*: Harcelement moral: dêmeler le vrai du faux. Paris: Syros, 2001. [Tradução brasileira: *Mal-estar no trabalho*. São Paulo: Bertrand Brasil, 2002.]

HOEL, H.; COOPER, C. *Destructive conflict and bullying at work*. Londres: British Occupational Health Research Foundation, 2000.

LAURELL, A. C.; NORIEGA, M. *Processo de produção e saúde*: trabalho e desgaste operário. São Paulo: Hucitec, 1989.

LÉGERON, P. *Le Stress au travail*. Paris: Odile Jacob, 2003.

Le GOFF, J.-P. *La Barbarie douce*. Paris: La Découverte 1999.

_____. *Les illusions du management*. Paris: La Découverte & Gyros, 2000.

LEITE, D. A. *O exercício do poder empresarial e a vida privada do empregado*: aspectos de violação. São Paulo, 2006. Dissertação (Mestrado em Direito) – Pontifícia Universidade Católica de São Paulo.

LEMES, A. M. N. O princípio constitucional da dignidade pessoal e o estatuto da criança e do adolescente. Disponível em: www.direitonet.com.br. Acesso em 11. ago. 2007.

LEYMANN, H. *Pérsecusion au travail*. Paris: Seuil, 1993.

LINHART, D. *A desmedida do capital*. São Paulo: Boitempo, 2007.

LORENZ, K. Z. *A agressão*: uma história natural do mal. 2. ed. Lisboa: Moraes, 1979.

LUKÁCS, G. *História e consciência de classe*: estudos sobre a dialética marxista. São Paulo: Martins Fontes, 2003.

MARTINO, V.; HOEL, H.; COOPER, C. *Preventing violence and harassement in the workplace*. Irlanda: European Foundation for the Improvement of Living and Working Conditions, 2003.

MARTININGO FILHO, A. *Assédio moral e gestão de pessoas*. Brasília, 2007. Dissertação (Mestrado em Administração) – Universidade de Brasília.

MARX, K. *O capital*. São Paulo: Nova Cultural, 1988.

MÉDA, D. *O trabalho*: Um valor em vias de extinção. Lisboa: Fim de Século, 1999.

MENNINGER, K. *Eros e Tânatos*: o homem contra si próprio. São Paulo: Ibrasa, 1970.

MÈSZAROS, I. *Para além do capital*. São Paulo: Boitempo, 2002.

MINAYO, M. C. S.; SOUZA, E. R. Violência e saúde como um campo interdisciplinar e de ação coletiva. *História, Ciências e Saúde*, v. IV, n. 3, p. 513-531, nov. 1997 – fev. 1998.

______. A violência dramatiza causas. In: MINAYO, C. S. et al. (orgs.). *Violência sob o olhar da saúde*. Rio de Janeiro: Fiocruz, 2003.

MOSCOVICI, S. *La machine à faire des dieux*. Paris: Fayard, 1988.

NOVAES, D. T. P. *O assédio moral na relação de trabalho subordinado*. São Paulo: 2004. Dissertação (Mestrado em Direito) – Pontifícia Universidade Católica de São Paulo.

PAGÈS, M. et al. *La violence politique*. Ramonville Saint-Agne: Érés, 2003.

PAIXÃO, F.; PAIXÃO, L. A. *A previdência social*. Porto Alegre: Síntese, 2002. (CD-ROM)

PAMPLONA, R. *O dano moral na relação de emprego*. São Paulo: LTr, 2002.

PARKINSON, C. N. [1957] *A lei de Parkinson*. São Paulo: Pioneira, 1978.

PASTORE, J. *A agonia do emprego*. São Paulo: LTr, 1997.

PEDREIRA, P. A reparação do dano moral no Direito de Trabalho. *Ltr*, São Paulo, v. 55, maio 1991.

RAMAUT, D. *Journal d'un médicin du travail*. Paris: Le Cherche Midi, 2006.

RIVERA, J. L. G. *El maltrato psicológico*. 3. ed. Madri: Espasa, 2005.

RIFIKIN, J. *O fim dos empregos*. São Paulo: Makron Books, 1995.

SAFFIOTI, H. I. B. *Gênero, patriarcado, violência*. São Paulo: Fundação Perseu Abramo, 2004.

SALTON, J. A. *Origens da violência.* Comportamento humano. 2006. Disponível em: www.salton.med.br/principal. Acesso em 25 set. 2006.

SAVATIER, R. *Traité de la responsabilité civile em droit français*. Paris: Libraire Génerale du droit et de Jurisprudence, 1951.

SAWAIA, B. B. Uma análise da violência pela filosofia da alegria: paradoxo, alienação ou otimismo ontológico crítico? In: SOUZA, L.; TRINDADE, Z. A. *Violência e exclusão*. São Paulo: Casa do Psicólogo, 2004.

SCIALPI, D. *Violencias en la administración pública.* Casos y miradas para pensar la administración pública como ámbito laboral. 2. ed. Buenos Aires: Catálogos, 2004.

SENNET, R. *Respeito*. Rio de Janeiro: Record, 2004.

______. *A corrosão do caráter*. 10. ed. Rio de Janeiro: Record, 2005.

SESSO, P. R. *Assédio moral no trabalho*. São Paulo, 2005. Monografia (Especialização em Direito) – Pontifícia Universidade Católica de São Paulo.

SHEENAN, M.; BAKER, M.; RAYNER, C. Applying strategies for dealing mith workplace bullying. *International Journal of Manpower*, v. 20, n. 1/2, p. 50-57, 1990.

SILVA, J. L. O. *Assédio moral no ambiente de trabalho*. Rio de Janeiro: Jurídica, 2005.

SOBOLL, L. A. P. *Violência psicológica e assédio moral no trabalho bancário*. São Paulo, 2006. Tese (Doutourado em Medicina Preventiva) – Faculdade de Medicina da Universidade de São Paulo.

SHEENAN, M.; BAKER, M.; RAYNER, C. Applying strategies for dealing with workplace bullying. *International Journal of Manpower*, v. 20, n. 1-2, p. 50-57, 1999.

STIGLITZ, J. *Os malefícios da globalização*. São Paulo: Cia. das Letras, 2002.

THOMSON, O. *A assustadora história da maldade*. São Paulo: Ediouro, 2002.

THEODORO JÚNIOR, H. *Dano moral*. São Paulo: Juarez de Oliveira, 2001.

TRIPARTITE REGIONAL SEMINAL ON COMBATING SEXUAL HARASSMENT AT WORK (Manila). *Anais*..., Genebra: OIT, 1993.

VIGOTSKY, L. S. *Psicología pedagógica*. Buenos Aires: Aique Grupo, 2001.

sobre os autores

Maria Ester de Freitas

Professora titular da FGV-EAESP (Fundação Getulio Vargas – Escola de Administração de Empresas de São Paulo). É mestre e doutora pela EAESP, pós-doutorada pela HEC (Écoles des Hautes Études Commerciales)/França. É autora dos livros *Cultura organizacional* (São Paulo: Thomson, 2007); *Cultura organizacional* – Identidade, sedução e carisma? (5. ed. São Paulo: FGV, 2007); *Viva a tese* (2. ed. São Paulo: FGV, 2006); e *Vida psíquica e organização* (2. ed. São Paulo: FGV, 2006).

Roberto Heloani

Professor titular da Unicamp (Universidade Estadual de Campinas), também leciona na FGV-EAESP. Formado em psicologia pela PUC-SP (Pontifícia Universidade Católica) e em direito pela USP (Universidade de São Paulo), é mestre pela FGV-EAESP e doutor pela PUC-SP. Fez o seu pós-doutorado na USP e livre-docência na Unicamp. É autor dos livros *Organização do trabalho e administração* (5. ed. São Paulo: Cortez, 2006) e *Gestão e organização no capitalismo globalizado* (2. ed. São Paulo: Atlas, 2007).

Margarida Barreto

Mestre e doutora pela PUC-SP, é vice-coordenadora do Núcleo de Estudos Psicossociais da PUC-SP. É professora da pós-graduação em psicologia social da PUC-SP e do Curso de Especialização em Medicina do Trabalho da Santa Casa de São Paulo. Entre suas publicações mais importantes: *Violência, saúde e trabalho*: uma jornada de humilhações (4. ed. São Paulo: Educ, 2006) e *Pedagogia institucional* (Rio de Janeiro: Zit, 2004); *Revista Nacional de Direito do Trabalho* (São Paulo), da qual é editora.

Coleção Debates em Administração

Ensino e Pesquisa em Administração
Carlos Osmar Bertero

Teoria da Decisão
Luiz Flavio Autran Monteiro Gomes

Organizações em Aprendizagem
Isabella F. Gouveia de Vasconcelos e André Ofenhejm Mascarenhas

Gestão da Inovação Tecnológica
Tales Andreassi

Cultura Organizacional
Maria Ester de Freitas

Negócios Internacionais
Ana Lucia Guedes

O Poder nas Organizações
Cristina Amélia Carvalho e Marcelo Milano Falcão Vieira

Empreendedorismo
Marcelo Marinho Aidar

Estratégia Internacional da Empresa
Fábio Luiz Mariotto

Uso de Casos no Ensino de Administração
Roberto Fachin; Betânia Tanure de Barros
e Roberto Gonzáles Duarte

Expatriação de Executivos
Leni Hidalgo Nunes, Isabella F. Gouveia de Vasconcelos
e Jacques Jaussaud

Teoria Crítica nas Organizações
Ana Paula Paes de Paula

IMPRESSÃO E ACABAMENTO
YANGRAF
GRÁFICA E EDITORA LTDA.
WWW.YANGRAF.COM.BR
(11) 2095-7722